CUISINE d'AMOUR

QUISINE d'AMOUR

Von den Geheimnissen APHRODISISCHER KOCHKUNST *zur Vervollkommnung* HÖCHST IRDISCHER GENÜSSE.

MAX de ROCHE

STEDTFELD

Ein Dorling Kindersley Buch
Orginaltitel: The Foods of Love

Aus dem Englischen übertragen von
Henriette Zeltner und Thomas Gabler
Gestaltung: Sara Nunan/Bridgewater Design Ltd
Photographie: Guy Ryecart
Artwork: Jenny Milington
Typographie: Thomas Steinkämper

ISBN: 3-927624-63-2

HINWEIS: Die Ratschläge in diesem Buch sind mit aller Sorgfalt zusammengestellt und mehrfach überprüft worden. Dennoch kann eine Garantie nicht übernommen werden. Eine Haftung des Verlages und seiner Beauftragten für Personen-, Sach- oder Vermögensschäden ist ausgeschlossen.

INHALT

Liebeselixiere

10

Aphrodisische Speisen

26

Menüs für romantische Anlässe

74

EINLEITUNG

„Die Quellen der Freude sind sechs an der Zahl:
Das Feuer brennender Liebe,
Überfluß des Samens, die Nähe der Geliebten,
Anmut des Gesichts, erregende Köstlichkeiten
und die Berührung."
DER DUFTENDE GARTEN

Das mag sehr fleischlich klingen, doch sind in der Tat das körperliche und das geistige Element in der Liebe untrennbar miteinander verbunden. Zwei Zeilen von John Donne drücken es knapp und trefflich aus:

„Der Zauber der Liebe entspringt der Seele,
und doch ist der Körper ihr Spiegelbild."

Der Mensch hat sich zu allen Zeiten mit der Liebe und mit der Kraft von Aphrodisiaka beschäftigt. In allen Kulturen hat man Zauber- und Liebestränke bereitet: um das geliebte Opfer zu umgarnen und seine Liebe zu entfachen, aber auch um die Lustgefühle während des Liebesakts zu steigern. Dank geheimnisvoller Ingredienzen soll der aphrodisische Trank die Liebenden in ungeahnte Gefilde der Lust entführen. Viele „klassische" Aphrodisiaka sind heute fast vergessen oder sogar in Verruf geraten. Dem Rhinozeros-Horn z.B. wurde lange Zeit eine potenzsteigernde Wirkung nachgesagt. Der Mythos von der Kraft der Alraune, die schon in kleinsten Dosen hochgiftig wirkt, ist unverständlich geworden. Den Alkohol, durchaus nützlich, kleine Hemmungen zu lösen, hat Shakespeare im *Macbeth* so beurteilt:

„Er fördert das Verlangen und dämpft das Tun."

Für das Wort „Liebe" haben wir Aphrodite zu danken, der griechischen Göttin der Liebe. Der Sage nach entstieg sie dem Schaum des Meeres (Aphros = Schaum), in das der Titan Kronos das Glied seines von ihm entmachteten und entmannten Vaters Uranos geworfen hatte. Seitdem wird die „Schaumgeborene" als Fruchtbarkeits- und Liebesgöttin verehrt. Aphrodite verkörpert eine unbekümmerte Sexualität.

Ihr Kult kam aus dem Osten nach Hellas, doch erst der griechische Bildhauer Praxiteles gab ihr jene ergreifende Gestalt, durch die sie für das Abendland zum Inbegriff ursprünglicher Weiblichkeit wurde.

Uns, mit unserer christlichen Tradition, mag es befremdlich scheinen, daß die Liebe den alten Griechen Religion war. Kenneth Clark geht in seinem Werk *Civilization* sogar so weit, zu behaupten, *„daß vielleicht keine Religion jemals wieder pure Leidenschaft so selbstverständlich einbezogen hat. Alle, die Aphrodite sahen, fühlten, wie ihre Instinkte, die sie mit den Tieren teilten, sie zugleich mit den Göttern verbanden"*.

Auch die Hindus betrachten die Liebe schon seit jeher als heilig, als menschliches Ebenbild der Schöpfung. In der Liebe vollzieht sich für sie die Vereinigung des Meisters, Parusha, mit der Kraft, Prariti. Geheiligt ist der Liebesakt durch die Verbindung zwischen Shiva und Shakti, den Schöpfern der Welt. So steht es geschrieben im *Rig-Veda*, dem hinduistischen Hymnus auf die Schöpfung:

„Da erhob sich das Verlangen,
das der Same des Geistes, der Sinn des Seins war."

Der chinesische Taoismus verbindet in seiner Grundidee von Yin (weiblich), Yang (männlich) und Chi (Symbol des Geistes und der Kraft) die sexuelle Vereinigung auf ähnliche Weise mit dem Kosmos. Das Gleichgewicht von Yin und Yang soll Schwingungen, ähnlich dem Rhythmus des Universums, entstehen lassen.

Obwohl die Ursachen des sehnsüchtigen Verlangens für die Liebenden heute noch so geheimnisvoll sind wie zu allen Zeiten, haben Wissenschaftler herausgefunden, daß der Auslöser sexueller Bedürfnisse im Gehirn zu suchen ist, genauer: im Hypothalamus. Dieser Teil des Zwischenhirns ist auch für unser Verlangen nach Speis' und Trank zuständig. Die Vermutung liegt also nahe, daß sexueller Appetit und kulinarische Gelüste in Zusammenhang stehen. Eine erfüllte, lustvolle Beziehung geht schließlich über bloße Matratzen-Akrobatik hinaus.

Die Lehre von der unerschöpflichen Manneskraft gehört ins Reich der erotischen Mythen und Wunschträume. Leider. Die Angst der Männer vor dem Ausbleiben eben dieser Kraft ist dagegen eine altbekannte Tatsache. Durch allerlei Zauberei und Magie versuchte die Männlichkeit, sich der Standfestigkeit im entscheidenden Augenblick zu versichern. Aber schon Aristoteles erklärte, daß jegliche Liebesmüh mit animierenden Speisen und lustspendenden Tränken vergeblich sei, sofern nicht Kraft und Vitalität im Körper selber wohnten.

Das *Kamasutra* gibt zum Thema Speisen und Erotik wertvolle Ratschläge:

„Ein Mann soll stärkende Speisen zu sich nehmen, als da sind aromatische Früchte, Fleisch, Honig und Eier. Eine gesunde Konstitution ist unersetzliche Voraussetzung der Kopulation. Doch darüber hinaus, spiele zärtlich mit ihr, auf daß sie errregt sei und voller Verlangen."

Die Nahrung der Liebe ist äußerst vielfältig. In diesem Buch sind nur Aphrodisiaka mit fast (!) garantierter Wirksamkeit aufgelistet, zusammen mit einigen ausgewählten und für ein Diner zu zweit vielversprechenden Rezepturen.

Das erste Kapitel beschreibt allerlei schmackhafte, aber auch lediglich kuriose Lust- und Liebestränke. Die aphrodisischen Geheimnisse verschiedener Zutaten lüftet das zweite Kapitel. Die nachfolgenden appetitanregenden Menüs zur kulinarischen Untermalung erotischer Begegnungen reichen von der belebenden Vorspeise bis zur Stärkung „danach"...

LIEBESELIXIERE

Diese Rezepte sind gedacht für glücklich Liebende, um ihr Vergnügen auf kulinarische Weise zu mehren, aber auch als Mittel zur Entspannung, wenn die Zeiten ganz unerotisch hektisch sind.

Die Vorschläge und Rezepturen stammen aus indischen, chinesischen und arabischen Quellen, aber auch aus mittelalterlichen Schriften.

Um sie selber nachzukochen, benötigt man einen Mörser, verschieden große Schälchen und Krüge zur Aufbewahrung und natürlich einiges gebräuchliche Küchengerät. Mixer, Entsafter und Kaffeemühle erleichtern die Arbeit, sind jedoch nicht unbedingt erforderlich.

Viele dieser Zubereitungen lassen sich zur Verfeinerung anderer Gerichte verwenden. Arbeiten Sie zunächst mit kleinen Mengen, lassen Sie sich von diesem Büchlein anregen, und lassen Sie Ihrer (Experimentier-)Lust freien Lauf, um Ihre liebsten – und wirksamsten – Mixturen zu entdecken.

Mit einem * gekennzeichnete Rezepte empfehlen sich zur eigenen Erprobung; die übrigen stellen für heutige Verhältnisse Kuriosa dar, sind nicht zur Nachahmung gedacht und sollen eher der Lese- denn der Liebeslust Genüge tun.

Ginseng-Sirup*

Ginseng gilt in Asien schon lange als Aphrodisiakum zur Stärkung der Manneskraft. – Näheres zur Wirkung dieser Wurzel auf Seite 52. – Man bekommt Ginseng in verschiedenen Zubereitungen in Reformhäusern oder Naturkost-Geschäften. Der Sirup wird aus frischen Wurzeln gewonnen und empfiehlt sich zur Verfeinerung diverser Gemüse-Gerichte.

2 GROSSE ODER 4 KLEINE GINSENG-WURZELN
300 ML WASSER
45 ML SAKE
(ERSATZWEISE WODKA)

Die Ginseng-Wurzeln im Mörser möglichst fein zerstoßen. Das Mus zusammen mit Wasser und Sake in eine feuerfeste Schüssel geben und 2 Stunden bei 140 Grad/Gas Stufe 1 im Backofen garen. Über Nacht bei schwächster Hitze im Ofen lassen. Am Morgen abseihen und den fertigen Sirup in eine verschließbare Flasche oder Karaffe füllen. Kühl aufbewahrt, ist dieser Ginseng-Extrakt einen Monat haltbar.

Rechts: Das Gefleckte Knabenkraut (Orchis mascula)

Satyrion

Ein „Electuarium des Satyrion"
wurde aus dem Nektar
wilder Orchideen (Orchis mascula)
und frischer Ziegenmilch bereitet.
„Es stärkt mit Macht das Verlangen und
erregt Mann und Weib ganz ungeheuerlich"
– wie John Partridge,
Leibarzt des englischen Königs Karl I.,
versicherte.

Zur Herstellung dieses Aphrodisiakums, das schon die alten Griechen und Römer schätzten, benötigte man 20 Stiele des Gefleckten Knabenkrauts (Achtung: Bei uns steht diese Wildpflanze unter Naturschutz und darf auf gar keinen Fall gepflückt werden!). Der Blütennektar wurde sorgfältig ausgepreßt und mit einem halben Liter griechischem Joghurt oder frischer, noch warmer Ziegenmilch vermischt.

Als erotisierende Vorspeise oder zur Stärkung zwischendurch tat diese Nektarmilch (überliefertermaßen) selbst dem König stärkende Dienste.

Markknochen-Gelee*

Dieses nahrhafte und sehr wohlschmeckende Gelee ist genau das richtige als Stärkung danach, harmoniert aber auch mit dem „Filet an Austernsauce" aufs beste.

Man nehme einige Markknochen vom Rind oder Kalb und hacke sie der Länge nach auseinander, um das Mark herauszulösen. In etwas trockenem Weißwein bei schwacher Hitze ziehen lassen. Nach Bedarf Gelatine-Pulver einrühren.

Das Gelee in eine dekorative Glasschale gießen und im Kühlschrank erstarren lassen – innerhalb von drei bis vier Tagen genießen.

*Pekinger Liebeselixier**

Hier handelt es sich um ein Spezialrezept, daß jeder chinesische Koch kennt und das vom Vater an den Sohn weitergegeben wird. Die Chinesen wissen schon seit vielen tausend Jahren um die Kraft der Aphrodisiaka und sind Experten in der Zubereitung von Speisen, die größtes Glück verheißen, selbst wenn ihr Geschmack auf der Zunge schon längst vergessen ist; denn sie stimulieren die sensibelsten Bereiche des Körpers.

1,5 LITER WASSER
1 SCHWEINSHAXE (CA. 1 KG)
4 SCHEIBEN SCHWEINEBAUCH (CA. 500 G)
1/2 HUHN,
OHNE HAUT UND KNOCHEN
300 ML CHINESISCHER WEIN
(ERSATZWEISE TROCKENER SHERRY)
100 ML SOJA-SAUCE
2 EL ZUCKER
3 GEHOBELTE SCHEIBCHEN INGWERWURZEL

Das Wasser zusammen mit dem Fleisch in eine große Kasserolle geben. 5 Minuten kochen lassen, danach das Wasser abgießen. Die Hälfte des Weins, Soja-Sauce, Zucker und Ingwer hinzufügen. Die zugedeckte Kasserolle bei 140 Grad/Gas Stufe 1 dreieinhalb Stunden ins Backrohr stellen. Mit 1/8 Liter Wasser und dem restlichen Wein aufgießen und umrühren. Alle festen Ingredienzen herausnehmen und anderweitig verwerten. Die Kochflüssigkeit in eine Schüssel gießen, abkühlen lassen und das Fett abschöpfen. Den kostbaren Sud schließlich abseihen und kühlstellen.

In China ist diese Kraftbrühe als *Peking-Likör* bekannt; die sich bildende Sülze heißt *Peking-Elixier.* Beides behält im Kühlschrank etwa vier Tage lang seinen ausgezeichneten Geschmack.

Gold des Granatapfels*

Auf zartem Nuß- oder Vollkorn-Gebäck entfaltet diese Mixtur ihr belebendes, stärkendes oder inspirierendes Aroma. Eine exotisch-erotische Köstlichkeit.

2 VOLLREIFE
GRANATÄPFEL
2 EL GEMAHLENE MANDELN
1 EL SESAMSAMEN
1 EL KÜRBISKERNE
1 EL PINIENKERNE
2 EL SAKE

Die Granatäpfel schälen und in waagerechte Scheiben schneiden, so daß sich das Fruchtfleisch leicht von den Kernen trennen läßt. Die Kerne fein hacken und mit den Mandeln, Sesamsamen, Kürbiskernen und Pinienkernen mischen. Den Sake sowie 30 g Fruchtfleisch dazugeben; im Kühlschrank aufbewahren.

Diese kraftspendende Mischung sollte nach einer Woche vernascht worden sein.

Kardamom-Sirup*

Auch diese Rezeptur stammt von John Partridge, dem Leibarzt König Karls I. Die beiden verbrachten gemeinsam einige Zeit am Hof Ludwigs XIV., als dort Liebestränke und liebesfördernde Mixturen gerade sehr im Schwange waren. Dieser würzige Sirup sollte auch in unserer Zeit seine Wirkung nicht verfehlen.

JE 1 EL KARDAMOM, ZIMT UND PIMENT
FEIN GEHOBELTE INGWERWURZEL
1 EL WOLFSMILCH
(EUPHORBIA PARALIAS), GETROCKNET
125 ML WASSER
125 ML HONIG

Zunächst rührt man die trockenen Zutaten mit wenig Wasser zu einer Paste und gibt erst nach und nach die restliche Flüssigkeit dazu, so daß sich keine Klümpchen bilden. Eine Stunde bei schwacher Hitze ziehen lassen. In die lauwarme Mischung den Honig geben. Den würzigen Sirup in einen Krug oder eine Karaffe füllen oder sofort mit frischen Früchten wie etwa Aprikosen oder Pfirsichen – und natürlich zu zweit – genießen.

Aprikosen-Gold*

Von diesem jahrhundertealten chinesischen Rezept kursieren unzählige Versionen, wobei der Kenner natürlich nur „seiner" Mixtur die erwünschten erhebenden Folgen zutraut. Selbst Lao Tse, der legendäre Philosoph, soll zur Inspiration davon genascht haben. Sein hoher Vitamingehalt und seine belebende Kraft machen diesen Trank zu einem wahren Fruchtbarkeitsspender.

Frische, entsteinte Aprikosen werden zermust und ausgepreßt oder entsaftet. Diesen Fruchtsaft veredelt man nun im Verhältnis 10 zu 1 mit Gelée royal. Ein edles Stärkungsmittel zuvor und danach...

Benedictine au Chocolat*

Edle Schokolade und feinster Likör lassen sich hier auf ein zartbitteres Abenteuer ein.

100 G BRAUNER ZUCKER
150 ML WASSER
100 G ZARTBITTER-SCHOKOLADE
4 EIGELB
1 PRISE PIMENT
1 EL MOKKA
2 EL BENEDICTINE
300 ML SCHLAGSAHNE

Den Zucker bei schwacher Hitze im Wasser auflösen. Die zerkleinerte Schokolade im Wasserbad schmelzen, die Eidotter mit einem Schneebesen einzeln einrühren und das Piment sowie die Zuckerlösung zugeben. Die Masse mit Mokka und Likör verfeinern und schließlich die steifgeschlagene Sahne unterheben. Auf zwei Schälchen verteilt kaltstellen.

Dieser Schokoladentraum läßt sich auch tiefgekühlt – als Verführung in Eis – genießen.

*BANANEN-SIRUP**

Die Limbo-Tänzer von Jamaika schwören auf diesen vitaminreichen Kraftspender. Sie sollten ihn pur, auf Eis oder mit Früchten versuchen.

8 BANANEN
1 PRISE JAMAIKA-PFEFFER
50 G BRAUNER
ROHRZUCKER

Backen Sie die Bananen in der Schale bei mittlerer Hitze im Ofen, oder garen Sie sie ca. 20 Minuten im Topf. Das gekochte Fruchtfleisch entfernen und anderweitig verwenden. Die Schalen innen auskratzen und dieses Mus mit Piment und Zucker mischen. Mit einem Eßlöffel Wasser schwach erhitzen, bis sich der Zucker auflöst. Den fertigen Sirup kühl aufbewahren und nach Genuß einen Limbo versuchen...

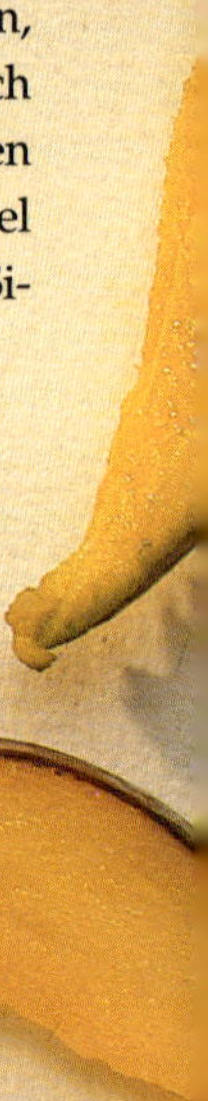

*WALNUSS-CREME**

Auch wenn das ein bißchen brav und harmlos klingen mag: die Walnuß galt bei den alten Griechen und Römern als Fruchtbarkeits-Symbol. Bei einer Hochzeit warf der Bräutigam den Kindern Nüsse zu, vermutlich weil er glaubte, sie jetzt nicht mehr nötig zu haben. Da es uns aber ohnehin schlecht ansteht, den Erfindern des Aphrodite- bzw. Venus-Kults postum kluge Ratschläge zu erteilen, schlagen wir Ihnen folgendes Rezept vor:

250 G AUSGELÖSTE WALNÜSSE
300 ML ZIEGENMILCH
3 EL HONIG
4 EIGELB

Die Nüsse sehr fein mahlen und in der Milch ziehen lassen, bis eine sämige Masse entsteht. Die Nuß-Milch mit Honig und Eigelb verfeinern, dabei aber nicht mehr kochen, sondern nur eindicken lassen.

Zusammen mit hauchdünnem Prosciutto ein unwiderstehlich erregender Gaumenkitzel.

Theoretisch ist die Walnuß-Creme, kühl aufbewahrt, zwei Tage haltbar, doch wer einmal gekostet hat, wird sie nicht alt werden lassen.

AMRUS*

Ein köstlicher Zaubertrank,
der im südlichen Pazifik
bis heute seine erotisierende Wirkung tut.

6 VOLLREIFE MANGOS
200 ML MILCH
1 EL ZUCKER
SCHWARZER PFEFFER NACH BELIEBEN

Die Früchte vierteln, vom Kern lösen und enthäuten. Das Fruchtfleisch zusammen mit Milch und Zucker im Mixer pürieren. Mit etwas Pfeffer pikant abschmecken. Am besten sofort in eine Schale gießen und mit zwei Strohhalmen lustvoll genießen. Im Kühlschrank bleibt dieser Liebestrank zwei Tage frisch.

CHAUCERS LIEBES-MAHL*

Diese Rezeptur stammt aus
„Nach des Königs Geschmack", einer Rezeptsammlung für Richard II.,
im 14. Jahrhundert von Lorna Sass verfaßt.

4 EL ZERRIEBENE GETROCKNETE
ROSENBLÜTENBLÄTTER
375 ML MANDELMILCH (ZUBEREITET
AUS IN MILCH UND HONIG
GEKOCHTEN MANDELN)
1/2 TL ZIMT
1/2 TL INGWER
2 TL REISMEHL
100 G FRISCHE DATTELN,
ENTKERNT UND GEHACKT
3 EL PINIENKERNE
ZUR VERZIERUNG: FRISCHE ROSENBLÜTEN

Die getrockneten Blütenblätter etwa 10 Minuten in der Mandelmilch einweichen. Zusammen mit Zimt und Ingwer 5 Minuten bei schwacher Hitze kochen. Das Reismehl mit etwas kaltem Wasser anrühren und mit den Datteln und Pinienkernen in die Milch geben. In zwei Schalen gefüllt und mit Rosenblüten garniert kredenzen.

Arabiens Lust

Dieses Rezept entstammt den „Arabischen Nächten", genauer: der Geschichte des Ala-Al-Din Abu-Al. Dieser Trank kann - ohne das Opium - allein wegen seines würzigen Aromas wärmstens empfohlen werden.

„Zwei Unzen konzentriertes Roumi-Opium und gleiche Teile von chinesischem Kubebenpfeffer, Zimt, Nelken, Kardamom, Ingwer und weißem Pfeffer zu einem Brei zerstoßen, in Olivenöl kochen, mit drei Unzen Weihrauch und einem Becher Koriandersamen quellen lassen und ein Mus mit Bienenhonig daraus bereiten.

Nach dem Mahl einen Löffel davon nehmen und mit einem Rosen-Sorbet begleiten. Dem sollte allerdings ein wohlgewürzter Braten von Hammel und Schwein vorangegangen sein."

Mannstreu-Gelee*

Dieses pikante Gelee harmoniert wunderbar mit Aal oder Krabben. Mannstreu, eine Pflanze mit etwas irritierendem Namen, wächst wild in ganz Westeuropa und läßt sich leicht im Kräuterbeet kultivieren.

1 MANNSTREU-PFLANZE
(ERYNGIUM MARITIMUM)
4 EIGELB
3 EL MADEIRA
ETWAS GELATINE-PULVER

Die fleischigen Wurzeln der Pflanze gründlich waschen und in etwa 1 cm große Stücke schneiden; in wenig Wasser garen. Vom Herd nehmen und nacheinander die Eidotter unterrühren. Den Madeira und die in kochendem Wasser aufgelöste Gelatine hinzufügen. Das Gelee in eine hübsche Glasschale füllen und im Kühlschrank erstarren lassen; innerhalb von zwei Tagen verzehren.

Kichererbsen-Nektar*

Die äußerst eindrucksvolle Wirkung dieses Liebestranks wird im „Ananga-Ranga", der alt-indischen „Kunst des Liebens", gepriesen.

Kichererbsen oder auch Mungo-Bohnen in gezuckerter Milch einweichen. Drei Tage lang den Strahlen der Sonne aussetzen. (Ersatzweise im Backofen trocknen.) Die trockenen Erbsen zu Mehl mahlen, kleine Kuchen daraus formen und herausbacken. *„Wer jeden Morgen einen dieser Kuchen ißt, wird alsbald hundert Frauen erfreuen können."*

Um den Nektar selbst zuzubereiten, nimmt man vier Teile eingeweichte Kichererbsen, einen Teil Honig, einen Teil geriebene Zwiebel sowie vier Teile Wasser. Auf schwacher Flamme etwa eine Stunde ziehen lassen und abseihen.

Dieser Nektar wird in manchen indischen Restaurants zum Gemüse gereicht.

Kanton-Likör*

Diese wirkungsvolle Kraftbrühe wird von allen chinesischen Köchen als Kanton-Likör geschätzt. Sie verwenden ihn zur Verfeinerung von Eintöpfen und Suppen.

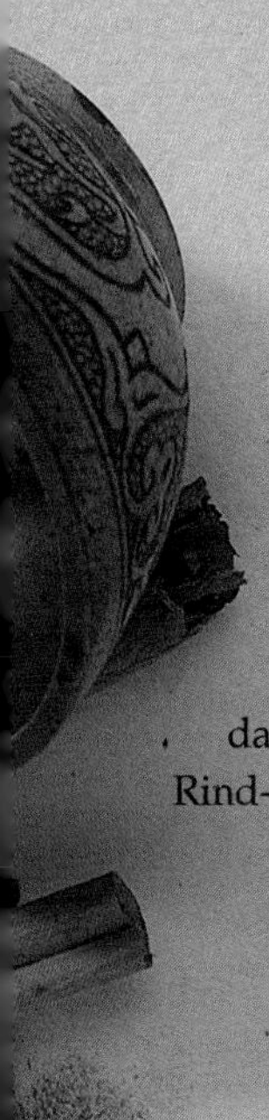

2,5 L WASSER
1/2 KG RINDERHACHSE
1 KG SPARERIBS
3/4 KG SCHINKENKNOCHEN
3 RINDERMARKKNOCHEN
100 G RINDERHACKFLEISCH
100 G HÜHNERBRUST,
FEIN GEHACKT

Alle Zutaten, bis auf das Hackfleisch, in eine Kasserolle geben. Etwa 4 Stunden bei schwacher Hitze ziehen lassen; danach abkühlen lassen und das Fett abschöpfen. Gehacktes Rind- und Hühnerfleisch dazugeben und weitere 5 Minuten kochen lassen. Durch ein Sieb gießen. In eine Flasche gefüllt kaltstellen und innerhalb der nächsten vier Tage verwenden.

Aqua Mirabilis*

Das Allheilmittel zur Stärkung von Geist und Körper im 17. Jahrhundert. Das „Wunderwasser" bereitet man aus Zimt, Ingwer, Thymian, Rosmarin, geriebener Muskatnuß und Galgant-Wurzel zu gleichen Teilen. Alle Gewürze werden fein gemahlen und zerstoßen. Besten Rotwein mit dem Gewürzmehl eine Woche lang aromatisieren, danach durch ein Tuch abseihen. Täglich ein Glas davon genießen.

Diod Anfarwoleb*

Dieser Druiden-Trank verleiht Kraft und Lust. Er enthält zwei der sieben dem Druiden-Kult heiligen Kräuter, Eisenkraut und Roten Klee – ein berühmtes Aphrodisiakum. Wörtlich übertragen bedeutet der Name „Schluck der Unsterblichkeit".

Man bereite einen Aufguß aus Kerbel, Heidekraut, Geißblatt, Rotem Klee und Eisenkraut, indem man einen Zweig von jeder Pflanze in 300 ml Wasser einen Tag stehen läßt. Abseihen, an einem kühlen Ort aufbewahren und morgens und abends je einen Eßlöffel davon einnehmen.

Wachteleier-Likör*

Rohes Eigelb steckt voller Proteine, Mineralien und Kohlenhydrate, die direkt ins Blut gehen und ermattete Lust schlagartig wiedererwecken. Eier – roh oder gekocht – spielen eine bedeutende Rolle in der arabischen und französischen Küche der Liebe. Dieser Trank wird mit Honig – einem an sich schon höchst wirkungsvollen Aphrodisiakum – verfeinert. Wohlschmeckend und eiweißreich, ist dieser edle Likör gerade das richtige für ein stärkendes Frühstück.

10 WACHTELEIER
125 ML HONIG
1 TL SESAMÖL
2 TL SAKE

Die Zubereitung könnte nicht einfacher sein: Alle Zutaten, bis auf den Reiswein, werden schaumig geschlagen und mit dem Sake in zwei gekühlte Sektkelche gefüllt. Sofort genießen !

ZABAGLIONE*

Schon seit der Renaissance stärken sich die Liebenden Italiens mit diesem himmlischen Weinschaum. Selbst nach einem – aus aphrodisischer Sicht – relativ harmlosen Mahl wird eine Zabaglione noch Wunder wirken.
Auch wenn sie nicht zu den eigentlichen Aphrodisiaka zählt, sollte man ihre Wirkung nicht unterschätzen. Nahrhaft, belebend und blitzschnell zubereitet, bietet sie ihre Dienste pur oder im Zusammenspiel mit Satyrion (siehe S. 13) an.

3 EIGELB
3 EL HONIG
3 EL MADEIRA
1 EL COGNAC ODER ARMAGNAC
UND/ODER
SATYRION

Alle Ingredienzen in einer Schüssel im warmen Wasserbad schaumig schlagen, dazu, falls nötig, einen Mixer verwenden. Sofort und noch heiß servieren, damit die flaumige Creme nicht zusammenfällt. (Kalt geschlagen, hat Zabaglione nicht nur eine ganz andere Konsistenz, sie läßt dann auch die stimulierende Wirkung heißen Alkohols vermissen.)

Asser Roman*

In Ägypten heute noch so populär wie zu Kleopatras Zeiten.

2 GROSSE GRANATÄPFEL
1 TL ROSENWASSER
300 ML EISWASSER
SAFT EINER HALBEN LIMONE
ODER ZITRONE
HONIG NACH GESCHMACK

Die Granatäpfel schälen und entkernen. Das Fruchtfleisch mit den übrigen Zutaten im Mixer pürieren. Diese köstliche Erfrischung zu zweit aus einer Glasschale schlürfen.

Kastanien-Ingwer-Creme*

Eine erstaunlich erotisierende Verbindung, wegen des hohen Energiegehalts sind nur kleine Portionen bekömmlich.

4 EIGELB
3 EL PUDERZUCKER
225 G KASTANIENPÜREE
50 G FRISCHE INGWERWURZEL,
GERIEBEN
4 EL COINTREAU
1 EL ZITRONENSAFT
300 ML SCHLAGSAHNE

Eigelb und Zucker schaumig schlagen und mit dem Ingwer unter das Kastanienpüree ziehen. Mit Cointreau und Zitronensaft aromatisieren. Die Sahne sehr steif schlagen und unter das Püree heben. Auf zwei Schälchen verteilt kaltstellen und nach einem kleinen, aber feinen Imbiß servieren.

LIEBESPULVER

Rezepte für diverse Liebespulver und -pülverchen findet man in der Literatur aller Epochen und Kulturen. Faszinierende Gemische exotischer und teils befremdlicher Ingredienzen sorgen für das unerschöpfliche Interesse an ihrer magischen Wirkung. Oft waren diese Rezepturen giftig und gefährlich, so daß sie auf keinen Fall zur Nachahmung empfohlen werden können. Lediglich als liebes-historische Kuriositäten seien einige davon aufgeführt:

„Nimm die Blüten und Samen der Elecampane, Eisenkraut und ein paar Beeren vom Mistelstrauch. Sodann zerreibe die im Ofen getrockneten Pflanzen zu einem feinen Pulver. Reiche es dem Auserwählten in einem Glas voll Wein. Bald wird das Schicksal zu deinen Gunsten sich wenden."

Dieses Rezept aus dem *Buch der Geheimnisse*, dem mittelalterlichen Gelehrten Albertus Magnus fälschlich zugeschrieben, sei ausdrücklich nicht zur Erprobung empfohlen. Obwohl Mistelblätter in einigen homöopathischen Medikamenten Verwendung finden, sind die Beeren des Strauches hochgiftig.

Samuel Rowlands spricht in einem seiner Theaterstücke aus dem 17. Jahrhundert von einem kräftigenden Pulver, das uns weniger gefährlich scheint:

„Nimm eine Turteltaube
und laß sie im Ofen braten bis daß sie so trocken,
daß man zu Staub sie vermahlen kann.
In einem Becher Wein gereicht,
wird das Weib, welches davon trinkt,
Dir bald in Liebe zugeneigt."

Wenn man John Gay in seiner *Bettleroper* Glauben schenken darf, so standen auch im 18. Jahrhundert Liebespulver noch hoch im Kurs:

„Schnurstracks ging ich zum Apotheker,
und all mein Geld gab ich für Liebespulver."

Im Nahen und im Fernen Osten waren Aphrodisiaka in Pulverform stets verbreitet. Hier ein Rezept aus den *Arabischen Nächten*:

„Die Haut einer Eidechse, zu Pulver vermahlen und verzehrt mit lieblichem Weißwein, ist ein wundersames Aphrodisiakum."

APHRODISISCHE SPEISEN

Dieses Kapitel bietet detaillierte Angaben zur erotisierenden Wirkung von Fisch, Fleisch, exotischen Kräutern und Gewürzen, diversen Gemüsen, Früchten und anderem mehr. Obwohl diese Ingredienzen aus der ganzen Welt stammen und insbesondere aus dem Morgenland mit seiner langen aphrodisischen Tradition, so haben sie doch alle eines gemeinsam: sie genießen den Ruf, das Liebesleben zu verschönern und Lust zu wecken.

Dieses Sortiment umfaßt ganz einfache Nahrungsmittel, die wohl jeder in der Speisekammer hat, Honig, Schokolade, Pfirsiche zum Beispiel, aber auch seltene, exotische Kräuter und orientalische Gewürze. Wo es sinnvoll schien, folgen den einzelnen Darstellungen Rezepte. Lassen Sie aber in jedem Fall Ihrer Lust am (kulinarischen) Experiment freien Lauf, sobald Sie die magischen Eigenschaften einiger Ingredienzen kennen.

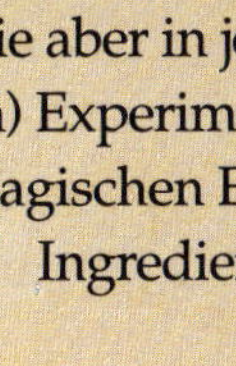

Von der *sinnlichen Kraft* der MEERESFRÜCHTE UND FISCHE

Das Meer gilt als das Urelement des Lebens. Daher darf es nicht Wunder nehmen, daß den meisten Meeresbewohnern besondere Wirkung nachgesagt wird – wenn auch meist erst in gekochter oder gebratener Form.

Schalentiere, denen man in dieser Beziehung am meisten zutraut, enthalten Phosphor, Eisen, Jod, Kalzium und Vitamin B, sind also für unsere Zwecke bestens geeignet. (Vorsicht ist allerdings bei Allergikern geboten; man beschränke sich daher besser auf Bekanntes.) Fische wie Lachs, Thunfisch, Hai, Aal, Hering, Makrele und Sardine, aber auch Seezunge und Steinbutt enthalten Phosphor, Kalzium, Vitamin A, B und D – Grundstoffe für viele aphrodisische Produkte.

AUSTERN

Die Auster gilt als Aphrodisiakum par excellence. Der Kenner schlürft sie roh, mitsamt dem eigenen Saft. Aromatisiert wird allenfalls mit einem Spritzer Zitronensaft. Weil sie pur und roh am besten mundet – und wirkt –, sind gerade die einfachsten Rezepte zu empfehlen. Serviert wird diese Delikatesse übrigens auf einem Tablett über gestoßenem Eis.

HUMMER

Die meisten essen vom Hummer nur das weiße Fleisch; nach Ansicht wahrhaft Eingeweihter ein schwerer Fauxpas. Denn auch die cremige Substanz, die grünliche Leber und die Eier der weiblichen Tiere sind Köstlichkeiten. Hummer braucht keinerlei erotisierende Verstärkung. Frisch gekocht, begleitet von einem edlen Chablis, ist Hummer das ideale Prélude zu einer ganzen Symphonie der Lust.

KRABBEN

Krabben besitzen zwar nicht die kulinarische Potenz eines Hummers, sind aber schließlich auch günstiger im Preis. Im folgenden ein etwas aufwendiges, aber lohnendes Rezept:

Die Krabben aus ihrer Schale pulen und mit rotem Paprika, Tomaten, Knoblauch, Bouquet garni, Zitronensaft, Gelatine, Mayonnaise, Sahne und einem Eßlöffel Nuocnam (siehe S. 68) im Mixer pürieren. Zwei Schälchen mit Butter ausstreichen, je eine Königskrabbe hineinlegen, darauf eine Lage Shrimps. Die Krabbencreme darübergießen. Im Kühlschrank erstarren lassen und kurz vor dem Servieren stürzen.

MUSCHELN

Die Amerikaner hegen einen festen Glauben an die sinnliche Kraft von Muscheln. Amerikanische Ölarbeiter sollen das „Muschelfieber" an die Nordsee gebracht haben. Angeblich haben sich amerikanische Venusmuscheln in britischen Gewässern angesiedelt, als Schiffsköche einige davon lebend ins Meer warfen. So geschehen vermutlich in den 20er Jahren.

Muscheln genießt man gekocht oder roh wie Austern.

SCHNECKEN

Schon die Gourmets der Steinzeit wußten Schnecken zu schätzen, wie archäologische Funde von Schneckenhäusern beweisen. Ebenso standen die Weichtiere auf dem Speisezettel der Indianer Nordamerikas. In Belgien genießt man sie mit einer Senfsauce auf dunklem Brot, in Frankreich mit provenzalischen Kräutern und Knoblauchbutter.

HERZMUSCHELN

Herzmuscheln – ein kleines, feines Aphrodisiakum – läßt man roh oder gekocht wirken. In fernöstlichen Bars serviert man sie mit einer würzigen Sauce, um ihre Animationskräfte noch zu steigern. Zuhause ist die Herzmuschel in den kühlen Gewässern der Irischen See.

MIESMUSCHELN

Die gesamte Geschichte des Abendlandes hindurch war die Miesmuschel das Aphrodisiakum des kleinen Mannes. Es ging die Sage, Hexen könnten, in den Schalen von Miesmuscheln sitzend, die Welt umsegeln; und die Carnevals-Prinzessin von Gent im Jahre 1538 überreichte ihrem Prinzen neben einem Karpfen einen Korb voll Miesmuscheln.

KAMMUSCHELN

Richtig zubereitet, sind Kammuscheln ein besonders herzhafter Genuß. Ihre Schalen waren einst Emblem der Pilger auf dem Weg nach Santiago di Compostella – und so wurde eine Sorte Kammuscheln nach dem Heiligen Jakob getauft: die Jakobsmuschel. In ganz Europa wird die Jakobsmuschel als Delikatesse geschätzt; in ihrer Größe variiert sie zwischen 6 und 15 cm.

Viele Wege führen nach Santiago di Compostella und fast ebenso viele zur deliziösen Jakobsmuschel – Müllerin Art, aufgeschlagen und fritiert, am Spieß mit diversen Kräutern gegrillt oder in der Folie gegart.

AAL

Aal dürfte die beste Garantie für einen unvergeßlichen Abend sein. Sein Leben verbringt dieser Fisch im Süßwasser; dennoch stammt er aus dem Meer, dort wird er geboren, und dorthin kehrt er zurück, um zu laichen und zu sterben. Besser wäre es aber, er landete vorher auf einer festlichen Tafel für zwei...

In Frankreich bekommt man Aal auf dem Markt mit etwas Glück noch lebend, in Belgien geräuchert als Hors d'œuvre, und englische Köche betten ihn in leckere Sülze. Im alten Ägypten wurde der Aal als Gottheit verehrt, während die Römer große Teiche bauten, um ihn darin mit besonderem Futter zu mästen. Jeder nach seiner Fasson – wir empfehlen ihn geräuchert oder ganz frisch.

NEUNAUGE

Das Neunauge kennt man am Atlantik ebenso wie im Mittelmeerraum als vorzügliche Gaumenfreude. Ganz frisch sind Neunaugen natürlich am besten, auch sollten sie nur mittelgroß auf den Tisch kommen. Bereitet sie der Koch dann noch à la Bordelaise zu, mit Schinken und Speck, stehen Ihnen außergewöhnliche Freuden bevor...

MAKRELE

Man schätzt die Makrele wegen ihres nahrhaften Fleisches und weil sie, ob geräuchert oder als Pastete, rasch unter die Haut geht...

WELLHORNSCHNECKEN

Wellhornschnecken können zu großen Meeresschnecken heranwachsen, munden aber besser, solange sie klein und im Vollbesitz ihrer aphrodisischen Kraft sind.

Wässern Sie die Wellhornschnecken etwa eine Stunde lang, dann 45 Minuten in Salzwasser garen. Mit etwas Vinaigrette genießen.

Oder aber Sie kochen sie auf griechische Art eineinhalb Stunden und fritieren sie paniert.

Als dritte Möglichkeit wäre noch das einfache Pochieren, mitsamt Schneckenhaus, zu nennen – die französische Variante.

Ein Spritzer Nanja-Sauce vielleicht – und Aphrodite lächelt dazu.

SHRIMPS UND GARNELEN

Bei Garnelen ist nicht nur die Größe imposant – dasselbe gilt auch für ihren stimulierenden Geschmack. In Japan verzehrt man sie gelegentlich roh, wie Austern. Die lebende Garnele kommt dabei enthauptet, aus der Schale gepult und ausgenommen auf den Tisch und von dort möglichst rasch in den Mund.

HERING

Heringe galten lange Zeit als Arme-Leute-Essen. Da aber vieles in der Küche der Liebe nur eine Frage der Zubereitung ist, schlagen wir Ihnen ein außergewöhnliches Rezept vor: Von einem geräucherten Hering den Kopf entfernen. Den Fisch der Länge nach aufschneiden und großzügig mit echt irischem Whiskey übergießen. Anzünden und sich bei einem Glas Guinness verführen lassen. Für Iren *das* Erotikum schlechthin...

ANCHOVIS

Anchovis oder Sardellen galten bereits den alten Griechen als starke Aphrodisiaka, die sie mit Leidenschaft auch in der Provence vernaschten, wohin man als wohlhabender Athener zur Sommerfrische reiste. Seit damals wurden Anchovis mit beinahe allen erdenklichen Zutaten kombiniert.

Sehr gut sind die frischen, grünen (später blauen und viel später schwarzen) Meeresfrüchte beispielsweise in Weißwein mariniert. Der natürliche Phosphor im Wein, zusammen mit den belebenden Wirkstoffen des Fisches, läßt Gourmet und Liebhaber erschaudern.

ENGELHAI / ENGELBARSCH

Außen pfui, innen hui – das ist der Engelbarsch. Geschmacklich wie aphrodisisch kann er allerdings vollauf überzeugen. Sein verwerflicher Ruf als Freudenspender ist ihm aus dem Mittelalter geblieben – und das nicht zu Unrecht. Zubereitet wird er wie Rochen.

WEISSER FISCH

Seezunge, Steinbutt, Heilbutt und Glattbutt enthalten Phosphor, Jod und Vitamine, die allesamt positiven Einfluß auf das Gefühls- und Liebesleben nehmen.

KARPFEN

Der Karpfen hat Feuer unter seinen goldenen Schuppen. Wußten auch die alten Griechen und Römer ausnahmsweise noch nichts von seiner Wunderkraft, so ist diese doch spätestens seit der Renaissance bestens bekannt: Franz I. von Frankreich fütterte seine Karpfen in Amboise aus der Hand, und seine Köche schätzten sie sehr – wie sein zahlreicher Nachwuchs beweist.

LACHS

Der Lachs hat seine hübsche rosa Farbe von kleinen Mikroorganismen, seiner Lieblingsspeise. Gezüchtete Lachse füttert man, um ihnen die typische Farbe zu verleihen, übrigens mit Paprika. Aber kein Zuchtfisch wird je so schmecken wie wilder Lachs nach einer 5000-Meilen-Reise durch die Meere. Echter Lachs beflügelt die Liebeslust rascher und intensiver als alles andere.

LACHSFORELLE

Bei gleicher Nahrung, wie sie der echte, wilde Lachs bevorzugt, schmeckt die Lachsforelle ganz ähnlich und, wichtig, wirkt auch so. In Norwegen züchtet man sie seit Jahrhunderten, nicht zuletzt weil sich dadurch Geschmack und anregende Kraft über viele Zuchtgenerationen intensivieren. In Norwegen heißt die Lachsforelle *Rako Rret*, auf schwedisch nennt man sie *Sur Stromming*; den Feinschmecker bringt sie überall in Wallung...

HAIFISCH

Haie schwimmen nicht nur auf der Kinoleinwand, sondern in fast allen Weltmeeren, im Atlantik sogar bis hinauf nach Island. Nicht alle beißen, und schon gar nicht auf dem Teller. Ein Steak vom „Weißen Hai", gegrillt und mit Zitrone, ist eine belebende Sache – und vielleicht doch nicht ganz ungefährlich.

SCHWERTFISCH

Schwertfische leben im offenen Meer und werden noch heute mit der Harpune erlegt. Besonders bei Seeleuten gilt der Schwertfisch als wunderbares Aphrodisiakum. Versuchen Sie etwa 5 cm starke Steaks, in Zitronensaft mariniert und gegrillt. An dies maritime Liebesmahl werden Sie noch lange zurückdenken.

KIPPER

Kipper, eine britische Spezialität, ist am Rücken geschlitzter, kurz gesalzener, dann kalt geräucherter Hering. Man kocht den Kipper zehn Minuten in Wasser, mit dem Kopf nach unten. Dazu passen Schwarzbrot, Butter und pochierte Eier. Eine ideale Stärkung für den Hunger danach...

THUNFISCH

Ein beeindruckender Fisch von bis zu 4 Meter Länge und der Kraft eines wilden Stieres. Leider verliert er in der Dose fast alle Kraft, etwa 3/4 seiner stimulierenden Wirkstoffe gehen dabei verloren. Wird er frisch verzehrt, womöglich beim Diner zu zweit, werden die Folgen aber sicher allen amourösen Erwartungen entsprechen.

VON DER *sinnlichen Kraft* IN KAVIAR UND BOUILLABAISSE

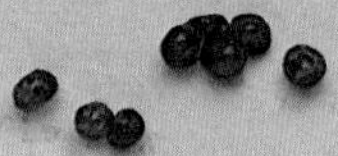

Alle beide sind sie Drei-Sterne-Aphrodisiaka, bekannt und beliebt für ihre Gabe, schlafendes Verlangen zu wecken. Und doch haben der berühmte Rogen vom Stör und die nicht minder berühmte Fischsuppe eine ganz unterschiedliche Geschichte. Kaviar, aus Perlmuttschälchen und von goldenen Löffelchen gegessen, soll die Lieblings-Liebesstärkung der russischen Zaren gewesen sein. Heute haben die schwarzen Fischeier zwar immer noch den exklusiven Touch, sind aber doch – in begrenztem Maße – auch für Casanovas mit kleinem Geldbeutel erschwinglich. Fischsuppe war der Liebesgöttin Venus die ideale Stärkung nach kräfteraubenden Begegnungen mit dem Kriegsgott Mars. Gnädig gestimmt, soll die launische, aber liebesfrohe Göttin im zweiten Jahrhundert vor Christus den Fischern von Marseille ihr kräftigendes Geheimnis verraten haben.

KAVIAR

Als Aphrodisiakum läßt sich Kaviar mit Austern vergleichen: quasi ohne Zubereitung, leicht, bekömmlich und vor allem edel, somit die gehobenen Ansprüche der cuisine d'amour vollauf befriedigend. Als Hors d'œvre läßt er sich am liebsten mit Champagner ein.

Echter Kaviar, der russische *Ikra* – und nur davon soll hier die Rede sein – besteht aus den reifen Eiern des Störs, eines Fisches der Nordmeere, der sich seine phosphorhaltige Nahrung am Meeresboden sucht. Es gibt mehr als zwanzig verschiedene Störarten; die größte, bei uns unter dem russischen Namen *Beluga* bekannt, wird bis zu 1300 kg schwer, alle anderen sind wesentlich kleiner. *Sterylad*, der kleinste, ist zugleich der feinste aus der Störfamilie und liefert den wertvollsten Kaviar. Früher war diese Köstlichkeit Zaren und Kaisern vorbehalten.

Besonders exzentrisch, aber auch ein unvergleichlich sinnlicher Anblick, ist Kaviar, reichlich auf getoastetes Weißbrot gehäuft, belegt mit Orchideenblütenblättern.

BOUILLABAISSE

Die Köche und Köchinnen von Marseille haben sich ihr göttliches Rezept angeblich völlig unverändert bewahrt. Dennoch sollen schon Ehen gescheitert sein an der strittigen Frage der „richtigen" Zutaten.

Gesegnet mit besonderem Fischreichtum, gibt man in Marseille vielerlei Arten in die Suppe, besonders *Rascasse*, einen Fisch, der in Höhlen lebt; wichtig sind Langusten, Krabben und Seespinnen. Geradezu unstatthaft ist allerdings die Verwendung von Muscheln aller Art – selbst wenn die Pariser sich einen solchen Stilbruch erlauben. Zu den unabkömmlichen Geschmackszutaten und Gewürzen zählen Olivenöl, Safran, Zwiebeln, Knoblauch, Fenchel, Petersilie, Lorbeerblatt, Tomaten sowie Orangenschale.

Was diese maritime Symphonie aber erst richtig zum Klingen bringt, ist die sogenannte *Rouille* zur Suppe. Diese Masse aus Olivenöl, Knoblauch, schwarzem Pfeffer, Paprika und Cayennepfeffer, vermengt mit Semmelbröseln oder gekochten Kartoffeln, liegt als kleine Insel in der Mitte des Tellers. Ohne *Rouille* wäre die Bouillabaisse nicht, was sie ist: von einzigartigem Geschmack und ausgesuchter Wirkung.

Natürlich haben auch andere Regionen Frankreichs ihre kulinarische Inspiration durch Venus oder eine andere liebestolle Köchin empfangen: In der Bretagne nennt man die Suppe *cotirade*, im Poitou *chaudrée*, *ttoron* im Baskenland und *pauchose* im Burgund. Die Nummer eins bleibt allerdings die Marseiller Bouillabaisse.

VON DER *sinnlichen Kraft* IM WILD

Dem Jagen und Verspeisen von wilden Tieren haftet seit jeher etwas Mystisches an. Schon immer hofften Männer durch den Verzehr der Beute etwas von deren Kraft und Potenz auf sich zu ziehen. In Arabien gelten die Testikeln des Löwen als bester Kraftspender. Von diesem Glauben zeugen vermutlich auch die steinernen Löwen des assyrischen Herrschers und leidenschaftlichen Jägers Assurbanipal, die heute im Britischen Museum zu bewundern sind.

VÖGEL

Federvieh gilt in alten Rezept-Sammlungen eher als Aphrodisiakum für die Frau. Der „wilden" männlichen Natur empfahl man dagegen Wildschweine und die Testikeln vom Hirsch. Heinrich IV. von Navarra schwor auf die seligmachende Wirkung des Rebhuhns bei Frauen. Auf den Weg zu seiner Mätresse, Gabrielle d'Estrées, machte er sich meist mit einem Koch und mehreren Schüsseln köstlichen Rebhuhns im Gefolge. Eines Abends, als Gabrielle sehr überspannt wirkte, vernahm Heinrich ein tiefes Schnaufen unter dem Bett. Taktvoll soll er ein Rebhuhn hinuntergereicht haben...

Hier begann übrigens die Tradition der „intimen Abendessen", die man im 18. und 19. Jahrhundert der Mätresse respektive dem Liebhaber in Privat-Suiten zu geben pflegte.

HASE

Der Hase steht in enger Beziehung zu Frauen im allgemeinen und zu Göttinnen im besonderen. Die britannische Königin Boudicca nahm ihn in die Schlacht mit. Die Mythologie aller Kulturen von Europa bis Indien und Afrika bringt den Hasen mit dem Mond in Verbindung. Die 21. Dynastie in Ägypten verehrte ihn sogar als Gottheit; den Algonquin-Indianern galt Michabo, der Große Hase, als Schöpfer von Sonne, Mond und Erde. In Britannien war er der Erdenmutter geweiht und durfte nur zu bestimmten Zeiten gejagt und verspeist werden. Als Aphrodites Spielgefährten sieht man einen Hasen oft auf antiken Vasenmalereien. Im alten Griechenland hatten Eheringe häufig die abstrahierte Form von Hasen. Außerdem waren Hasen die Kameraden der angelsächsischen Göttin der Morgenröte und Fruchtbarkeit. Ihrem Kult, mit dem Hasen als Symbol des Frühlings, verdanken wir unseren heutigen Osterhasen.

Die eindeutigen Beziehungen von Meister Lampe zur Erotik aller Epochen und Kulturen sind beeindruckend. Wer sich also auf einen Hasen für zwei einläßt, darf gespannt sein.

Curnonsky, berühmtester Gourmet im Paris der Jahrhundertwende, bemerkte zum Stichwort „Hase":

„Der Hase ist der Fürst unter den Aphrodisiaka,
sofern man mit ihm umzugehen weiß."

HIRSCH

Die außerordentliche Beliebtheit der Hirschjagd im Frankreich der Renaissance soll von einem aphrodisischen Mythos herrühren. Man setzte nämlich Erfolg auf der Pirsch mit Erfolg im Bett der Geliebten gleich. Vielleicht zieren deshalb die etwa zweitausend Geweihe das Schloß von Cheverny als Jagd- und Liebestrophäen zugleich.

Nach dem Genuß von liebevoll zubereitetem Wildbret beglückt Venus aber auch jene, denen Diana ihre Gunst versagt hat.

LA BOISETTE DE CHEVREUIL ST HUBERT

500 G REHRÜCKEN
OHNE KNOCHEN
1 EL MEHL
50 G BUTTER
2 EL COGNAC
300 ML WILDBRÜHE
4 EL ROTWEIN
4 EL CRÈME DOUBLE
2 EL PREISELBEER-
ODER BLAUBEERGELEE

FÜR DIE MARINADE:
150 ML ROTWEIN
1/2 ZWIEBEL,
GEHACKT
1 KAROTTE, GERASPELT
1 TL PETERSILIE
1 LORBEERBLATT
4 GEWÜRZNELKEN
1 ZWEIG ROSMARIN
4 WACHOLDERBEEREN

Die Marinade anrühren und das in zwei Stücke geschnittene Fleisch darin einen Tag lang an einem kühlen Ort marinieren. Anschließend das Fleisch herausnehmen, trockentupfen und in Mehl wenden. In heißer Butter braten, bis es schön zart ist. Das fertige Fleisch warmhalten und inzwischen den Bratensatz mit Cognac, Brühe und Wein loskochen. Fünf Minuten ziehen lassen, danach einen Eßlöffel Butter und die Crème double darunterschlagen. Die fertige Sauce noch einmal kurz erhitzen, aber nicht mehr kochen. Über das Fleisch gießen, mit Preiselbeeren servieren.

VON DER *sinnlichen Kraft* IM FLEISCH

In den letzten Jahrzehnten haben sich die Ansichten über Liebesnahrung durchaus gewandelt; unter anderem auch beeinflußt von einer anderen Einstellung zur Liebe und zum Liebesakt.

STEAKS

In den 30ern glaubte man, ein Mann brauche blutige Steaks, um sein Verlangen und noch einiges andere aufrechtzuerhalten. Um die Jahrhundertwende nannte ein Sexualpsychologe Steaks sogar *das* Aphrodisiakum schlechthin für den Mann. Chateaubriand, Tournedos oder Béarnaise dienten als rasante Stärkung. Der Gipfel der Männlichkeit war mit einer derartigen Proteinspritze direkt und (relativ) sicher zu erreichen, besonders im Vergleich zu den Vätern und Großvätern, die sich durch mindestens fünf Gänge schleppten, mit Sherry als Apéritif, schwerem Rotwein in der Mitte, Port etwas später und meist einem Verdauungsschläfchen zum Dessert. Damals hatte man es eben nicht so eilig.

Die Steaks der 30er Jahre waren allerdings noch nicht der kürzeste Weg zum lustvollen Ziel; perfektioniert haben den „Quicky" erst die Japaner. Ein Filetsteak wird dort in tiefgekühltem Zustand in hauchdünne Scheiben geschnitten und wiederum gefroren. Das Fleisch wird nun in feine Streifen geschnitten und erst dann gebraten. Eine besonders leichte, bekömmliche Art der Zubereitung und deshalb eher zu empfehlen als pfundschwere Steaks, bei denen der Betroffene nach dem Mahl vor allem mit seiner Verdauung beschäftigt ist.

Für ein berühmtes koreanisches Rezept, Gogi Bokum, rechnet man ein halbes Kilo Steak für vier Personen. Dazu gehört Bulgogi-Sauce, die man in chinesischen Lebensmittelgeschäften bekommt.

Als eines der besten japanischen Steak-Gerichte empfiehlt sich Shabu-Shabu, das direkt am Tisch zubereitet wird.

Für fleischliche Genüsse zu zweit wäre folgendes Menü denkbar: Austern als Präludium, danach Steak Tartare, gefolgt von frischen Lychees als Erfrischung vor der eigentlichen Hauptsache. Als Getränk zwei Glas Wein, um die Leichtigkeit dieser kulinarischen Symphonie nicht zu stören. Das Après läßt sich mit einem Armagnac versüßen.

GERÄUCHERTES FLEISCH

Auch die europäische Küche hat leichte Fleischlichkeit zu bieten. Da wäre zum Beispiel das berühmte Bündner Fleisch aus der Schweiz, luftgetrocknet und mit geheimnisvollen Kräutern und Weißwein gewürzt. Es weckt bisher verborgene Kräfte. Auch Schinken gilt als wirkungsvoller Kraftspender; ganz gleich, ob man sich eher von Parmaschinken mit frischen Feigen oder von Lachsschinken mit Roquefort ermuntert fühlt. Letzteres soll übrigens Casanova zu so manchem Abenteuer inspiriert haben.

Als Wanderer in den Dolomiten bekommt man mit Glück einmal Bresaola zu kosten, getrocknetes Rindfleisch in einer würzigen Marinade. In den Bergen von Kentucky dagegen führt kein Weg am berühmten Kentucky Ham vorbei: über Hickory- und Apfelbaumholz geräuchertes Schweinefleisch, das ein Jahr lang „gereift" ist.

LAMM

Die Araber, denen man besonderes Gespür für Erotik und sinnliches Essen nachsagt, zeigen ihr kulinarisches Talent auch bei der Zubereitung von zartem Lammfleisch mit Kräutern und Gewürzen. Dieses leichte, aromatische Gericht, das man im Orient

aus flachen Schalen zusammen mit Joghurt ißt, empfiehlt sich als perfektes Vorspiel einer erotischen Begegnung.

Stilecht für ein orientalisches Liebesmahl sind frische Datteln, Nougat, himmlisch süße Bäckereien und – nicht nur im Sinne Allahs – der Verzicht auf Alkohol.

ARABISCHES LAMM

Da ein größerer Braten für zwei meist doch zuviel ist, kann man eine zweite „Auflage" des Menüs natürlich einfrieren.

(FÜR 4 PERSONEN)
3/4 KG LAMMSCHULTER
(OHNE KNOCHEN)
2 EL OLIVENÖL
150 ML WASSER
1 KNOBLAUCHZEHE,
FEIN GEHACKT
1/2 TL KRÄUTERSALZ
75 G BRAUNE LINSEN
2 STANGENSELLERIE, GERASPELT
2 KNOBLAUCHZEHEN
THYMIAN
ROSMARIN
300 ML BRÜHE
FRISCHE MINZE ZUR GARNIERUNG

Das Fleisch in 2 cm große Würfel schneiden, im Olivenöl scharf anbraten, mit Wasser ablöschen und mit Knoblauch und Salz würzen. In einem schweren Topf und, bei Bedarf, mit noch etwas Wasser auf kleiner Flamme garen. Die Linsen in der Brühe mit Sellerie, Knoblauch und Kräutern gar, aber nicht zu weich kochen. Fleisch und Gemüse mischen und noch 30 Minuten auf kleinster Flamme warmhalten.

In flachen Schalen, mit Joghurt, frischer Minze und bei arabischer Musik kredenzen.

RINDERFILET AN AUSTERNSAUCE

Dieses schnell zubereitete und doch exquisite Mahl wird Liebeshungrigen Appetit machen.

500 G RINDERFILET ODER RUMPSTEAK
1 TL VOLLKORNMEHL
1 TL BRAUNER ZUCKER
1-2 TL SOJASAUCE
3 EL RINDERMARK
1 EL SHERRY
2 TL SONNENBLUMENÖL
2 FRÜHLINGSZWIEBELN, FEIN GESCHNITTEN
2 TL AUSTERNSAUCE

Das Fleisch in feine Streifen schneiden und mit Mehl und Zucker bestäuben. Sojasauce, Mark und Sherry dazugeben und vermengen. 15 Minuten ruhen lassen. Das Öl im Wok, dem chinesischen Mehrzwecktopf, stark erhitzen und das Fleisch darin unter Rühren eine Minute lang braten. Die Frühlingszwiebeln dazugeben und wiederum eine Minute braten. Die Austernsauce darüber verteilen, umrühren und sofort servieren.

GEFÜLLTES STEAK

Die außergewöhnliche Füllung macht dieses Steak zu einem kulinarischen Ereignis, das nicht ohne Folgen bleiben kann.

2 DICKE FILETSTEAKS
8 FRISCHE AUSTERN
50 G FRISCHE PILZE
SALZ UND PFEFFER
4 TL OLIVENÖL

Die Steaks horizontal aufschneiden, so daß man zwei Taschen erhält. Diese mit je vier Austern und der Hälfte der Pilze füllen. Mit Küchengarn zunähen und von außen mit Olivenöl einpinseln. Nach Geschmack ca. 5 Minuten pro Seite grillen. Das Garn entfernen. Voilà.

VON DER *sinnlichen Kraft* DER GEWÜRZE

Der Handel mit Spezereien gehört zu den ersten kaufmännischen Aktivitäten, die die Zivilisation entwickelt hat. Zunächst benötigte man bestimmte Gewürze für religiöse Kulte, zur Herstellung von Arzneien und natürlich als Aphrodisiaka. Erst viel später eroberten sich Pfeffer, Safran, Zimt & Co den Platz, den sie heute in der feinen Küche einnehmen. Arabische Händler verbreiteten wohlweislich phantastische Märchen über die Herkunft ihrer Spezereien; von Seen, an denen gräßliche Ungeheuer das Wachsen der Gewürzpflanzen bewachen, und finsteren Wäldern mit Giftschlangen war da die Rede. Solche Legenden trugen natürlich nicht gerade wenig zur mystisch-magischen Aura bei, die einige Gewürze bis heute umgibt.

Als der Handel noch per Karawane vonstatten ging, waren einige der Gewürze wertvoller als Gold.

DURAN-SAMEN

Diese Samen gehören zu einem Baum, der in Indien und Malaysia wächst. Die großen Kerne schmecken mandelähnlich und finden, fein gemahlen, Verwendung in indischen Liebestränken.

DITA-RINDE

Dita ist ein Baum in Indien und Australien, dessen Rinde ein wundersames Gewürz abgibt. Das *Ananga-Ranga* empfiehlt, ein Stück davon während des Liebesakts im Mund zu behalten; das Lustempfinden soll sich dadurch märchenhaft steigern.

MUSKATBLÜTE UND MUSKATNUSS

Die pfirsichähnliche Frucht birgt einen harten Kern, die Muskatnuß, der von einem roten Samenmantel, der sogenannten Muskatblüte umgeben ist. Beide haben sich im fernen Osten den Ruf von Lustspendern erworben. Neueste wissenschaftliche Untersuchungen zeigen, daß Muskatnuß, in großen Mengen genossen, psychedelische Rauschzustände hervorrufen kann und giftig ist.

SAFRAN

Safran galt bei den Assyrern, den Phöniziern und den Griechen als belebendes und erregendes Extrakt. Letztere glaubten gar, ein Mädchen könne einem Mann nicht widerstehen, nachdem sie sieben Tage lang mit Safran gewürzte Speisen genossen habe. Auch die Araber und sogar die Briten trauen dem wertvollen Gewürz erotisierende Fähigkeiten zu und bauen seit dem 14. Jahrhundert Safran-Krokusse an. Safran ist sehr teuer: Eine Ernte von 100.000 Krokusblüten ergibt nur einen mageren Ertrag von 450 Gramm.

VANILLE

Den gelben Blüten folgen duftende Schoten, die man in getrocknetem Zustand verwendet. Die Azteken perfektionierten damit ihre Schokolade. Heute aromatisiert man damit Eiscreme und andere Süßspeisen. Ihre nur schwach aphrodisische Wirkung macht die schwarze Schote mit einzigartigem Aroma wett.

CAYENNE-PFEFFER (TABASCO)

Diese tropische Pflanze mit weißen Blüten bringt längliche Schoten mit weißen und roten Samen hervor. Im 18. Jahrhundert hatte man in England für diesen Pfeffer silberne Gefäße mit langstieligen Löffeln. Junge Männer aßen davon zur Stärkung ihrer Liebeskraft, alten Männern empfahl man es gegen Krämpfe.

Als rasantes (Be-)Lebensmittel wirkt ein kleiner Löffel Cayenne-Pfeffer in einem Glas frischem Tomatensaft.

SICHUAN-PFEFFER

In China kennt man dieses Gewürz als „Blumen-Pfeffer" und bereitet daraus eine aphrodisische Mischung mit gleichen Teilen Ginseng und Ingwer. Die belebende Kraft des Sichuan-Pfeffers rührt vor allem daher, daß er sofort auf den Solarplexus wirkt.

ZIMT

Von diesem immergrünen Baum der Tropen finden sich sowohl die getrocknete innere Rinde als auch die grob gemahlenen Samen unter Aphrodites Lieblings-Spezereien. Die Rinde des Zimtbaums kann aber noch mehr als lustlose Liebhaber aufrichten, besitzt sie doch antiseptische und adstringierende Wirkstoffe.

KARDAMOM

Ganze Kardamom-Samen dienen der Aromatisierung von Marinaden und Curry-Gerichten. Das *Kamasutra* empfiehlt als besonders vielversprechend eine Gewürzmischung mit Ingwer und Zimt.

INGWER

In China schon seit gut 3000 Jahren, bei uns in Europa erst seit dem Mittelalter bekannt und geschätzt. Das Gewürz selbst wird aus den kriechenden Rhizomen der Ingwerpflanze gewonnen. In Pulverform hat es zwar einen besonders pikanten Geschmack, dennoch empfehlen die meisten chinesischen Rezepturen junge, frisch geschälte Wurzeln, da diese auch den Kreislauf in Wallung bringen.

GEWÜRZNELKEN

Hier handelt es sich um ungeöffnete Knospen, von der Sonne getrocknet. Gewürznelken geben zahlreichen süßen und auch pikanten Appetitmachern das gewisse Etwas.

STERNANIS

Dies Gewürz stammt von den graubraunen Früchten des *Illicium verum*, eines asiatischen Busches. Der kräftige Geschmack der achtzackigen, getrockneten Sternchen erinnert etwas an Lakritz. Sparsam dosiert in Drinks und Desserts – eine exotisch-erotische Anregung.

SCHWARZER PFEFFER

Bei dieser Pflanze folgen den weißen tropischen Blüten aromatische, runzlige Früchte.

Der Hunnenkönig Attila verlangte von den Römern 3000 Pfund Pfeffer Entschädigung dafür, daß er auf die Plünderung der Stadt verzichtete. Auch er muß schon von den stärkenden, stimulierenden Eigenschaften der schwarzen Körner gewußt haben. Damals wie heute gilt übrigens, daß der scharfe Reiz des Pfeffers in gemahlenem Zustand schnell verfliegt – deshalb nur nach Bedarf mahlen oder im Mörser zerstoßen.

„Man rühre eine Mischung aus Pfeffer,
Lavendel, Galaga, Moschus, Honig und
Ingwer. Das Glied in warmem Wasser
waschen und mit dieser Mixtur salben."
DER DUFTENDE GARTEN

CHILI

Den Namen dieses Scharfmachers haben wir von den Azteken übernommen, die sich etwa fünftausend Jahre an seiner Wirkung erfreuten. Seit Kolumbus finden diese Pfefferschoten weltweite Anerkennung unter den Liebeshungrigen.

WACHOLDER

Die blauen Beeren dieses immergrünen Strauches aus der Familie der Zypressen benötigen zwei Jahre Zeit zur Reife. Zerdrückt oder fein gehackt, sind Wacholderbeeren das Wild-Gewürz schlechthin. In ihrer erotisierenden Wirkung stehen sie dem Wildbret um nichts nach. Das *Kamasutra* bezeichnet in Wasser eingeweichte Wacholderbeeren als *„Trank für die Manneskraft"*.

Achtung: Der Verzehr von Wacholderbeeren ist während der Schwangerschaft und bei Leberleiden nicht zu empfehlen.

VON DER *sinnlichen Kraft* DER KRÄUTER

Seit Jahrtausenden haben die Menschen eine besondere Beziehung zu Kräutern mit ihren vielfältigen Eigenschaften. Der Ruf zahlreicher Kräuter als Aphrodisiaka ist beinahe so alt wie das Wissen um ihre medizinische Heilkraft.

MYRRHE

In Griechenland waren die Tempel der Aphrodite von Myrrhepflanzen umgeben – in Anspielung auf den Kranz, den die Liebesgöttin im Haar trug, als Paris, von ihrer Schönheit betört, ihr den goldenen Apfel reichte. Im alten Rom schon schmückte man die Braut mit Myrrhe. Zwei Handvoll Myrrheblüten und -blätter, zwei Liter Frühlingswasser und ein Liter Weißwein *„bringen Schönheit und machen, gemischt mit Likör, sehr verliebt, den der davon trinkt"*.

Das portugiesische Engelwasser aus dem 18. Jahrhundert dürfte für den amourösen Hausgebrauch etwas zu kostspielig sein. Dazu verwendete man nämlich 600 ml Orangenblütenwasser, 600 ml Rosenwasser, 300 ml Myrrhewasser, 400 ml Moschusgeist sowie 400 ml Ambergeist. Portugiesische Fürsten sollen dieses kostbare Getränk wie einen Cocktail genossen haben, vor allem dann, wenn es noch an Nachwuchs respektive Stammhaltern fehlte.

WILDER MAJORAN / OREGANO

Im alten Rom flocht man für das Brautpaar Kränze aus Oregano als Glückssymbol. Noch heute wachsen mancherorts wilde Wiesen mit dem bittersüßen Kraut. Wer sich in so einem duftenden Kräuterbett zu einer lustvollen Rast niederläßt, wird bald vom Duft betört. Der griechische Name Oregano (oros: Berg; ganos: Freude) ist trefflich gewählt. John Gerard empfiehlt in seiner Kräuterkunde aus dem 16. Jahrhundert wilden Majoran all jenen, die *„dabei seufzen"*. Vermutlich diente es in Liebestränken also der Ermunterung und Entspannung des schüchternen Kavaliers.

EISENKRAUT

Auch dieses Kraut ist der Liebesgöttin geweiht. Um seine magischen Kräfte wußten bereits Ägypter, Chinesen, Römer, keltische Druiden, Perser und Angelsachsen. Eisenkraut ist eine wichtige Ingredienz klassischer Liebespulver, so z.B. einer Rezeptur aus Albertus Magnus' *Buch der Geheimnisse* (siehe S. 25).

ROSMARIN

Rosmarin ist Hochzeitsschmuck, und im 16. Jahrhundert überreichte man vornehmen Gästen einen Zweig davon als Willkommensgruß. Über diese Gewürz- und Heilpflanze hieß es: *„Es beruhigt das Herz, den Magen, das Gehirn und alle übrigen empfindlichen Stellen des Körpers"*. In der Tat verwendet man Rosmarin heute noch, um Herzklopfen zu kurieren und zugleich die Sinne zu beleben.

MÄDESÜSS

Noch ein Kraut, das gerne auf Hochzeiten gestreut wurde, *„denn der Duft stimmt das Herz glücklich und erfreut die Sinne"*. Salicylsäure, heute bekannt als Aspirin-Wirkstoff, wurde im 19. Jahrhundert aus Mädesüß gewonnen.

Obwohl Myrrhe, Rosmarin und Mädesüß eßbare Kräuter sind, verwendet man sie wegen ihres sehr starken Aromas meist nur als Duftpflanzen.

FENCHEL

Diese Pflanze ist für Frauen in Hinsicht auf ihre Wirkung erst in zweiter Linie interessant. Fenchel, den schon die Feldküchen der römischen Legionen mitführten, ergänzt gern feine Fischgerichte. Dazu heißt es im *Kamasutra*: *„Honig, Zucker und Lakritz zu gleichen Teilen, vermischt mit dem Saft von Fenchel und Milch, ergibt einen himmlischen Nektar, die Manneskraft zu fordern."*

MANNSTREU

Mannstreu hat blaue, distelähnlichen Blüten; man bekommt sie häufig kandiert. Aber auch die Wurzeln sind nicht nur für den Botaniker von Interesse. Als wohlgeformtes – manche sagen auch: „küssendes"– Konfekt zergehen sie, ebenfalls kandiert, auf der Zunge.

MINZE

Die arabischen Liebhaber wußten schon immer von der aufrichtenden Wirkung der Minze. Ärzte verschreiben sie heute noch als Naturheilmittel gegen Impotenz und mangelndes Lustempfinden. Kochen sollte man die aromatischen Blätter allerdings nur für Tees. Ein Pfefferminz-Auszug im Badewasser erfrischt und belebt – vor allem bei zweisamem Bade.

CHINESISCHE KRÄUTER

Das Abendland blickte lange Zeit fasziniert auf die Materia medica der Chinesen mit ihren Verheißungen von Gesundheit, langem Leben, hoher Potenz, Fruchtbarkeit und Verjüngung. Der legendäre Kaiser Shen Nung trug im dritten vorchristlichen Jahrtausend entscheidend zur Entwicklung der Heilmedizin und der Landwirtschaft seines Reiches bei. Shen Nung verfaßte auch das erste *Pen Ts'ao*, eine Heilpflanzenkunde, an deren Vervollständigung bis heute gearbeitet wird.

Die hier aufgelisteten Kräuter und Heilmittel bekommt man in Geschäften mit exotischen bzw. chinesischen Lebensmitteln.

ACANTHOPANAX SPINOSUM Verwendung als Antirheumaticum sowie zur Erfrischung und Erhaltung der Liebeskraft. Dosis: 5-10 g.

CALLOTARIA URSINA (aus Genitalien des männlichen Seelöwen) Tonikum gegen Impotenz und Unfruchtbarkeit. Dosis: 2-4 g.

CORNUS OFFICINALIS Ausgezeichnetes Stärkungsmittel gegen Impotenz. Dosis: 5-10 g.

CUSCUTA JAPONICA Heilmittel bei durch Prostata-Beschwerden verursachter Impotenz. Dosis: 7-15 g.

EPIMEDIUM MACRANTHUM Das Extrakt der Blätter soll erotisierend wirken. Dosis: 3-8 g.

GYNOMORIUM COCCINEUM Belebendes Aphrodisiakum, welches beim Mann die Samenproduktion stimuliert. Dosis: 4-11 g.

LIGUSTRUM JAPONICUM Nahrhaftes Belebungsmittel, fördert den sexuellen Appetit. Dosis: 5-15 g.

SELINUM MONNIERE Angenehm stimulierendes Extrakt für Liebesmüde. Dosis: 5-10 g.

HU-LU-FA (nur für Männer zu empfehlen) Tonikum zur Stärkung der inneren und der äußeren Fortpflanzungsorgane. Enthält Aminosäuren, die Vitamine A und D sowie Trimethylamin, ein spezielles Geschlechtshormon. Dosis: 8-10 Tabletten täglich.

DONG QUAI TANG KWEI (nur für Frauen zu empfehlen) Verbessert das Blut und regt die Drüsenfunktionen an. In Pulver- oder Tablettenform. Dosis: nach Anweisung auf der Packung.

TSAN-TS'AI Zur Stärkung aller weiblichen Organe. Vermindert Reizbarkeit und Nervosität. Dosis: nach Anweisung auf der Packung.

Von der *sinnlichen Kraft* des GINSENG

Mediziner standen Aphrodisiaka schon immer skeptisch gegenüber. Als jedoch in den 60er Jahren Experimente mit Menschen in den USA und der Sowjetunion durchgeführt wurden, änderte sich die Lehrmeinung, zumindest was die Ginseng-Wurzel betrifft. Ja, man bestätigte der „Wunderpflanze“ sogar, daß sie *„die körperliche und geistige Leistungsfähigkeit verbessert, ebenso die sexuelle Stärke und das allgemeine Wohlbefinden“*.

Ginseng wird aus der Pflanze *Panax schinseng* gewonnen, die zur Familie der *Araliaceae* gehört. Sie wächst wild in der Mandschurei, in Korea und Rußland. Ginseng stärkt einerseits das Zentralnervensystem und den Spinalnerv, sorgt andererseits aber auch für Gleichklang von Geist und Körper.

Auf Sofortwirkung darf man bei diesem Heilmittel allerdings nicht spekulieren. Drei Monate hindurch soll es täglich eingenommen werden. Halten Sie sich unbedingt an die empfohlenen Dosen, da zuviel ebenso schaden kann wie zu lange Einnahme.

DIVERSE GINSENG-PRODUKTE

In Spezialgeschäften für chinesische Lebensmittel ist Ginseng erhältlich; erkundigen Sie sich auf jeden Fall nach der empfohlenen Dosierung, bevor Sie mit ihrem Körper experimentieren.

JIN SAM JUNG Ein Extrakt bestehend aus (ganzen) Koreanischen Ginseng-Wurzeln, Ginseng-Extrakt, Honig und Gelée royale.

KOREAN GINSENG COMPLEX Eine Mischung aus pulverisierter Ginseng-Wurzel, Gelée royale, Para-Amino-Benzoe-Säure und dem Fruchtbarkeitsvitamin E.

CHINESE PROCESSED GINSENG COMPOUND Ein in Würfel gepreßtes Super-Ginseng, bestehend aus 14 Wurzeln und 42 Mineralien, das wie Tee aufgegossen wird. (Nach Einnahme dieses Präparats mindestens 3 Stunden kein Vitamin C zu sich nehmen!)

FO-TI-TIENG Erhältlich in Teebeuteln oder als Kapseln. Empfehlenswert auch als chinesisches Instant-Getränk: Stärkungsmittel, Entgifter und Energiespritze in einem. In China ist Fo-Ti-Tieng schon seit Jahrhunderten *das* Naturheilmittel bei Rheuma, Gicht und Neuralgie.

YUAN SHENG SHENG TI Eine energiespendende Kräutermischung mit Wacholderbeeren für die Manneskraft.

Von der *sinnlichen Kraft* der
GEMÜSE

Gemüse nehmen auf den Speiselisten des Sir Richard Burton (1821-90) als „lüsternes Fleisch" den ersten Rang ein; Erbsen, Saubohnen, Rettich, Artischocken, Salat, Lauch und Zwiebeln haben auch schon in früheren Rezeptsammlungen ihren Ruf als Nahrung der Liebe behauptet.

Johann Jakob Wecker (1570-1657) war ein großer Verehrer der Gemüse und der Frauen: *„Will ein Mann sich als Soldat im Lager der Venus bewähren, so bewaffne er sich mit solchem Fleisch, vor allem die Zwiebelgewächse verstehen es, die Fleischeslust zu wecken."* Gesondert erwähnt er später die Küchenzwiebel, ein Mitglied der Lilienfamilie, die in der ganzen Welt von allen Zwiebelpflanzen am meisten verzehrt wird. Die Babylonier betrachteten sie als Symbol der Vollkommenheit, ebenso die Ägypter, die in ihrer Verehrung sogar so weit gingen, auf den Genuß von Zwiebeln gänzlich zu verzichten. Die Griechen bemerkten scharfsinnig, daß Zwiebeln *„in den Augen brennen und amouröse Gelüste wecken"*, allerdings ergeht auch die Warnung: *„Sie wird dir nicht gut tun, wenn du keine eigene Stärke besitzt"*.

WURZELGEMÜSE

Karotten und Pastinaken wurden schon im Altertum geschätzt. Als Zutat für Liebestränke waren Karotten fast selbstverständlich.

Den Pastinaken soll bereits Orpheus, der mythische Sänger, aphrodisische Kraft zugesprochen haben. Dem Wildgemüse traut man übrigens mehr zu als den „zahmen" gezüchteten Sorten.

Selbst der unauffälligen Kartoffel sagte man im 17. Jahrhundert Aphrodisisches nach. In diesem Zusammenhang spielt sie in einigen Theaterstücken eine zweideutige Rolle.

SPARGEL

Seit gut 2000 Jahren gilt der kultivierte Spargel als Aristokrat des Gemüsegartens. Immer noch wachsen allerdings Wildformen an der französischen Küste, in Griechenland und Rußland. „Herausforderung der Venus" wird er manchmal genannt, und das nicht nur ob seiner Form...

Die Römer pflegten die Redewendung *„Es schneller machen, als man Spargel kochen kann"* – 15 Minuten etwa. Im 16. Jahrhundert notierte Scheich Umar Ibn Muhammed Al Nefzawi im *Duftenden Garten* zum Thema Spargel, daß dieser *„mit gebratenen Eidottern, Kamelmilch und Honig das männliche Glied Tag und Nacht wachen läßt"*.

TRÜFFELN

Sie sind wohl, im wahrsten Sinne des Wortes, die irdischsten Aphrodisiaka, da dem Schoß der Erde direkt entnommen. Die Trüffel ist ein sehr wohlschmeckender, in Europa beheimateter Pilz. Brillat-Savarin, der berühmte Gourmet im Frankreich des 19. Jahrhunderts, empfahl sie als Aphrodisiakum; als solches wurde sie von Napoleon gebraucht. Ganz besonders schätzte man ihre Eigenschaften in der Haute cuisine. Als verlockende Anregung für ein romantisches Wochenende in den Walnußwäldern des Perigord kann man die Kochanweisung aus einem Colette-Roman verstehen. Zunächst beschreibt die Autorin *„die echte Trüffel, die schwarze Trüffel, die Trüffel des Perigord..."*, um dann die genaue Zubereitung zu schildern:

„...gebadet in gutem, sehr trockenen Weißwein...,
ohne Extravaganz gesalzen, diskret gepfeffert, kann man sie in einem gewöhnlichen, schwarzen, gußeisernen Topf mit Deckel kochen.
25 Minuten sollen sie mit den üppigen Wasserblasen tanzen, in Strudeln und Schaum – wie kleine Meergötter beim Spiel im dunklen Gewässer. Ein paar schmale Streifen fetten, aber nicht zu fetten Specks geben der Brühe Kraft. Keine anderen Kräuter oder Gewürze.
Und merke: genieße Trüffeln nie ohne Wein."

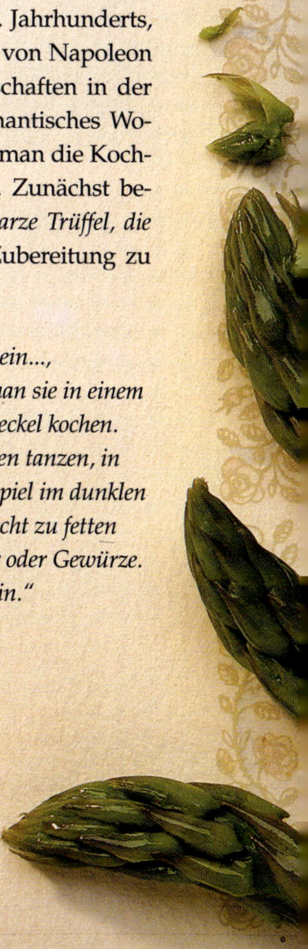

VON DER *sinnlichen Kraft* DER FRÜCHTE

Früchte erfreuen die menschlichen Sinne in vielerlei Hinsicht. Für die Hochzeit von Vincenzo I., Herzog von Mantua im Quattrocento, schuf man eine lebensgroße Venus-Statue. Unter ihrem verführerischen Zuckerguß barg sie Schichten von Mandelcreme und Biscuit; ihr Innnerstes aber waren Kaviar und Lachs, Feigen, Aprikosen und Granatäpfel. Diese einzigartige Pièce montée symbolisierte das Mysterium der Frau in Farbe und Geschmack.

Die folgende Zusammenstellung präsentiert einige der wohlschmeckendsten und verführerischsten Früchte.

FEIGEN

Ähnlich der Auster braucht die Feige nichts als sich selbst. Sie ist so reich an Geschmack und ihr Fleisch so saftig, daß andere Früchte es ihr nur neiden können.

Im alten Rom spielte die Feige auf den Festen des Saturn, den Saturnalien, die kulinarische Hauptrolle. Der Verzehr dieser blauschwarzen Frucht mit ihren dunkelroten Samen ist ein so unvergleichliches Vergnügen, daß jedes Feigenblatt erzittert.

QUITTEN

Der Quitte sagt man nach, daß sie und nicht der Apfel es war, die die arme Eva in Versuchung führte. Griechen und Römer hatten die duftende Frucht ihrer Liebesgöttin geweiht.

„Der Genuß der Quittenfrucht bei der Hochzeit ist wie ein Vorgeschmack auf die süßen und freudvollen Tage der frisch Getrauten."

JOHN CASE

GRANATÄPFEL

Dank ihrer Form und des erfrischenden Geschmacks gelten geöffnete Granatäpfel als Symbol der Fruchtbarkeit, und das schon seit den Tagen König Salomons und der Königin von Saba.

Die Braut im *Hohenlied* verspricht: *„Ich würde dir heißen Wein und den frischen Saft von Granatäpfeln reichen."* In einem besonderen Aphrodisiakum (siehe S. 15) wird das getrocknete Fleisch des Granatapfels zu Pulver vermahlen und mit geriebenen Mandeln, Kürbiskernen, Sesamsamen und Honig vermengt. Es schmeckt ähnlich dem der Halva, ist jedoch von ganz anderer Wirkung...

PFIRSICHE

Unter den zahlreichen Pfirsichsorten kennt man die französische auch unter dem poetischem Namen „Venusbrust": *„Große runde Frucht von blutroter Farbe und aromatisch schmelzendem Fleisch"*. Dazu Albertus Magnus' *Buch der Geheimnisse*: *„Der Pfirsich ist bei der Vereinigung hilfreich."* Das *Buch der Natur* behauptet: *„Dem niedergeschlagenen Mann, impotent aufgrund seines kühlen Charakters, gibt er die nötige Leidenschaft."*

BANANEN

Die Schlange, die Eva zum Verhängnis wurde, verbarg sich angeblich in einer Bananenstaude; daher rührt vermutlich der lateinische Name der Banane: *Musa paradisica* (Paradiesfrucht) oder *Musa sapientia* (Frucht der Weisheit). Wenn, wie die Legende sagt, Ceylon einst der Garten Eden war, dann hat Adam vermutlich seine Blöße mit einem Bananenblatt bedeckt.

„Banane" ist ein afrikanisches Wort. In Zentralafrika glaubt man, daß Bananenblätter die Fruchtbarkeit der Frau mehren; und wenn eine Frau der Untreue bezichtigt ist und es fällt ihr eine Bananenblüte aufs Haupt, so muß sie für unschuldig gelten. Bananenblüten spielen ebenfalls eine Rolle in philippinischen Liebesbräuchen.

Von der *sinnlichen Kraft* der SCHOKOLADE

Die peruanischen Indianer opferten die aus Kakaobohnen gewonnene Schokolade ihren Göttern bei Geburt, Hochzeit, Initiation und Totenfeier. Ebenso belohnte man damit nach der Schlacht die Heerführer und die tapfersten Soldaten. Im übrigen war Schokolade damals allgemeine Währung in Peru.

Man glaubte an die aphrodisische Kraft von Schokolade; und Montezuma, der sich einen Harem von über 600 Sklavinnen hielt, soll täglich 50 Becher davon zu sich genommen haben.

KLEINE GESCHICHTE DER SCHOKOLADE

Die ersten Fremden, die Kakaobohnen in die Hände bekamen, wußten nichts damit anzufangen. Im Jahre 1502 überreichte Christoph Kolumbus ein paar davon König Ferdinand von Spanien, der sich dafür allerdings nicht sonderlich interessierte. Sir Francis Drake brachte eine Tonne Kakaobohnen nach England, die er einer spanischen Silbergaleone abgenommen hatte. Die Engländer hielten sie für Schafsmist und kippten die Ladung in den Hafen von Plymouth. Damit wurde Königin Elisabeth I. um eine süße Erfahrung gebracht. Doch irgendwann muß man Geschmack an Schokolade gefunden haben, denn Casanova empfahl sie als Aphrodisiakum. Madame Dubarry, die Mätresse Ludwigs XV., soll sie ihren Liebhabern kredenzt haben; der Hofstaat Ludwig XVI . schlürfte bereits täglich heiße Schokolade.

Heute geben sogar nüchterne Wissenschaftler die liebes- und lustfördernde Wirkung von Schokolade zu. Sie enthält nämlich Koffein und Theobromin, die beide das zentrale Nervensystem anregen, zudem Phenylethylamin, das den Amphitaminen sehr ähnelt, die ja für Höhen und Tiefen des Verliebtseins verantwortlich sind.

SCHOKOLADENREZEPTE

Alexandre Dumas rät in seinem *Grand Dictionnaire de Cuisine*, Schokolade schon einen Tag im voraus zuzubereiten: *„Eine Nacht stehen lassen verleiht der Schokolade eine samtige Konsistenz. Dann wird sie wieder erhitzt und in einer porzellanenen Kaffeetasse serviert"*. Er empfiehlt sie als Appetitmacher und zur Stärkung nach dem Liebesakt: *„Hat also ein Mann zu tief aus dem Kelch der Lüsternheit getrunken..., so gebe man ihm gut einen halben Liter mit Ambra angereicherte Schokolade, und zwar nehme man 72 Körner Ambra auf ein Pfund Schokolade – und Wundersames wird sich zutragen."*

Brillat-Savarin unterstreicht dieses Lob im *Trésor Gastronomique de France*.

Crème de cacao, einen Schokoladenlikör, verfeinert mit je einem Schuß Orangenbitter und Wodka, halten wir für die ideale Darreichungsform dieser Medizin.

SCHOKOLADE-NUSS-TRÜFFELN

100 G GEMISCHTE NÜSSE, GROB GEHACKT
125 G ZARTBITTER-SCHOKOLADE
25 G BUTTER
50 G PUDERZUCKER
2 EL ECHTES KAKAOPULVER

Die Nüsse hell anrösten. Die Schokolade mit der Butter im Wasserbad schmelzen, mit Nüssen und Zucker verrühren. Die Trüffelcreme abkühlen lassen; kleine Kugeln daraus formen und in Kakao wälzen.

Von der *sinnlichen Kraft* der NÜSSE

Nüsse sind schon seit langem als Aphrodisiaka bekannt. In Jordanien fanden Archäologen Pistazien aus dem Jahre 6760 vor Christus. In König Salomons Gärten wuchsen Walnüsse, Pistazien und Mandeln in großer Zahl. Bei den Griechen und den Römern gehörten sie zur Hochzeitszeremonie; man warf Walnüsse wie heute Reis und entzündete Haselholzfackeln als Symbol für Fruchtbarkeit und für eine glückliche Ehe.

HASELNÜSSE

Vergil stellte den Haselnußstrauch noch über den Weinstrauch, die Myrrhe und den Lorbeerbaum – zumindest was aphrodisische Qualitäten angeht. Haselnüsse, gemischt mit der Wurzel des Gefleckten Knabenkrauts, *„befähigen den Mann alle Begehr seiner Frau zu stillen"*, so der *Hortus Sanitatis*. Die *Physica in Patrologia Latina* empfiehlt sie als wertvolles Heilmittel gegen Impotenz.

KASTANIEN

Kastanien kommen in einem Liebestrank von Johann Jakob Wekker zum Zuge: *„Tauche frische Kastanien in Muskateller, koche sie mit Knabenkraut, Pistazien, Pinienkernen, Kubeben-Pfeffer, Zimt, Samen der Nachtviole und Zucker."*

KOKOSNUSS

Die Kokosnuß gilt im nördlichen Indien, dem Ursprungsland von *Kamasutra* und *Ananga-Ranga*, als Symbol der Fruchtbarkeit und wird Frauen von Priestern gereicht, damit Sie ein Kind empfangen.

WALNÜSSE

Die Römer verwendeten sie bei diversen Fruchtbarkeitsriten, und noch heute gilt die Walnuß bei einigen afrikanischen Stämmen als Heilmittel gegen männliche Unfruchtbarkeit. Ein Rezept für Walnußcreme finden Sie im Kapitel „Liebeselixiere" auf Seite 18.

PISTAZIEN

Die Königin von Saba soll in Syrien eine Art Pistazienmonopol für sich und ihre Liebhaber beansprucht haben – verständlich, denn diese Nüsse bringen jede verborgene Lust ans Licht.

MANDELN

Die Mandel ist eine nahe Verwandte von Pfirsich und Aprikose, und alle drei haben sie ihren festen Platz in der Küche der Liebe. Es waren die Kreuzritter des 12. Jahrhunderts, die nicht nur Gewürze, sondern auch Lust auf cremige Mandelsaucen, Marzipan und Nougat mitbrachten.

VON DER *sinnlichen Kraft* DER BLUMEN

„Rosen, des Gartens Stolz,
Sind Blumen der Liebe und der Könige,
Begehrt am Hofe und zur Hochzeit."
THOMAS CAMPION

Blumen aller Art beflügeln die Liebe. Ihre vollendete Farbe und Form und natürlich ihr Duft machen sie zum einfachsten und zugleich anmutigsten Ausdruck der Zuneigung. Ihre Entwicklung, von der Knospe zur Blüte, von der Befruchtung bis zur Frucht, ist ein Sinnbild für das menschliche Leben. Ihre Blüten spenden Nektar, der zu Honig wird, dem femininsten aller Aphrodisiaka.

BLUMEN ZUR HOCHZEIT

Schon bei den Sarazenen schmückte man die Braut mit Orangenblüten. Diese galten als Symbol der Keuschheit; außerdem läßt sich aus diesen Blüten ein sanftes Stärkungsmittel bereiten. Für eine leidenschaftliche Hochzeitsnacht sollte die Braut ein Sträußchen Veilchen und Immergrün bei sich tragen und ein paar von den Blüten zerkauen, bevor sie sich in die Arme ihres Bräutigams begab.

Römische Brautpaare bekränzte man mit Rosen, wie die Standbilder von Venus und Cupido. Kaiser Nero verlangte von seinen Gastgebern, ihre Brunnen mit Rosenwasser zu füllen, den Boden mit Rosenblüten zu bedecken, ihm Rosenwein zu kredenzen und ihn schließlich darin baden zu lassen. Kleopatra soll in ihrem Palast knöcheltief in Rosenblütenblättern gewatet sein.

VEILCHEN

Das Veilchen wird auch „Lieblingsblume der Venus" genannt, da die Göttin der Blüte und Schönheit, Beschützerin der Gärten, auch ihre bescheidensten Zöglinge liebt. John Parkinson, Gärtner des englischen Königs Karl I., empfahl das Hundsveilchen, denn *„seine Wurzel ist in Liebesangelegenheiten wirksamer als die der Orchidee und des Knabenkrauts"*. Veilchen und Baldrian attestiert Albertus Magnus gar liebesfördernde Kräfte – allerdings nur wenn sie im letzten Viertel des Mondes gepflückt worden sind.

VEILCHEN-SORBET

4 EL CRÈME DE VIOLETTE
200 ML ZUCKERSIRUP
300 ML TRAUBENSAFT
2 EL LIMETTENSAFT
1 EIWEISS
50 G ZUCKER

Alle flüssigen Zutaten in einer Schüssel verrühren und anfrieren, so daß Eiskristalle entstehen. Sodann das Eiweiß steif schlagen, zukkern und unter die halbgefrorene Masse heben. Noch einmal tiefkühlen. In Glasschalen mit frischen Veilchenblüten garniert servieren.

ORCHIDEEN UND ZWIEBELBLUMEN

Von allen Teilen der Pflanze enthält die Wurzel oder Zwiebel die meisten aphrodisischen Wirkstoffe; das gilt besonders für Orchideen. Die wilde Orchidee, das Gefleckte Knabenkraut, war nach Aussage der Quellen wichtigste Liebesmedizin der Griechen und Römer. Ihre eindeutig geformte Wurzel, so sagte man, *„verursacht große Hitze und spendet damit Lust zu zeugen"*. Wird sie zusammen mit Haselnüssen und Wein genommen, wie es der *Hortus Sanitatis* für einen Trank empfiehlt, *„wirst du in jener Nacht bei Kräften sein und dein Weib vergnügen"*. Im gleichen Kapitel findet Rat, wer das Geschlecht seines zu zeugenden Kindes bestimmen möchte, und zwar soll er den größeren oder kleineren Teil der Wurzelknolle wählen.

Übermäßiger Genuß machte die wilde Orchidee zu einer gefährdeten Art. Und das schon im 18. Jahrhundert, als ein Liebestrank namens „Salop" en vogue war. Heute ist sie ebensowenig gebräuchlich wie Rhinozeroshorn, trotz ihres vergleichsweise hohen Anspruchs als Aphrodisiakum. Einen günstigen und relativ leicht zu beschaffenden Ersatz bietet übrigens die Wurzel des Alpenveilchens.

All denen, die noch auf der Suche nach dem „Tor der Liebe" sind, seien Gladiolen- und Narzissenzwiebeln empfohlen. In dünne Scheiben geschnitten, mit Kreuzkümmel bestreut, fein gehackt und in Wasser gekocht, formt man daraus flache Kuchen. Diese in Öl fritiert und mit Thymian, Pfeffer, Oregano und Honig verzehren. In einer Komödie von Aristophanes sagt der alte Weise zu dem zögernden Jüngling: *„Oh, es wird dir schon gelingen, was du brauchst, ist eine Schale Tulpenzwiebeln"*.

GELEE ROYALE UND HONIG

Blüten liefern mit ihrem Nektar die Grundstoffe zu zwei der berühmtesten Aphrodisiaka, Gelée royale und Honig. Ein Bienenvolk besteht aus einer Königin, ein paar hundert Drohnen und zwischen 25.000 und 100.000 Arbeiterinnen. Die Königin wird von den Arbeiterinnen ausschließlich mit Gelée royale gefüttert, einer weißlichen Lösung, die diese aus ihren Drüsen absondern. Gelée royale enthält alle Aminosäuren und zehn Vitamine sowie sechs verschiedene Mineralstoffe. Es ist allerdings ein teures Vergnügen; der Preis hängt von der Menge der zugesetzten Stoffe (z.B. Ginseng) ab. Gelée royale und Ginseng gelten in China und im Orient schon seit Jahrhunderten als lebensverlängernd; seit ein paar Jahren vertraut man auch in der westlichen Welt auf ihre stärkende Wirkung.

Honig ist Bestandteil sehr vieler Liebestränke und anregender Speisen. Ottaviano Bon, ein venezianischer Diplomat des 17. Jahrhunderts, der den Top-Kapi-Serail in Konstantinopel besuchte, berichtete: *„Die Mengen von Honig, die hier verzehrt werden, sind unglaublich, da man ihn für alle Speisen verwendet, sogar im Sorbet für die Gewöhnlichen. Man importiert ihn aus der Walachei, Transylvanien und der Moldau."* Honig aus dem Nektar giftiger Pflanzen kann selbst auch giftig sein; umgekehrt gilt aber auch, daß der Honig aphrodisischer Blüten, wie z.B. der des Jasmins, eine noch erregendere Wirkung zeitigt. Hierin mag auch die Erklärung für den entsprechenden Ruf des griechischen Thymianhonigs liegen, der nach wildem Majoran und Myrrhe duftet (den beiden Lieblingspflanzen der Aphrodite). Honig ist übrigens einer der am schnellsten wirkenden Energiespender, da er den Blutzuckerspiegel quasi sofort nach Genuß hebt. Ein sorgfältig ausgewähltes Honigsortiment zeichnet nicht nur den Gourmet, sondern auch den erfahrenen Liebhaber aus.

Was der Nektar für die Blüten und die entstehende Frucht, ist der Honig für die Küche der Liebe. Im *Duftenden Garten* rät Scheich Umar Ibn Muhammed Al Nefzawi: *„Salbe dein Glied mit einer Mischung aus Blut vom Ziegenbock und Honig, um eine Nacht wahrer Freuden zu erleben."*

VON DER *sinnlichen Kraft* DURCH

KURIOSE APHRODISIAKA

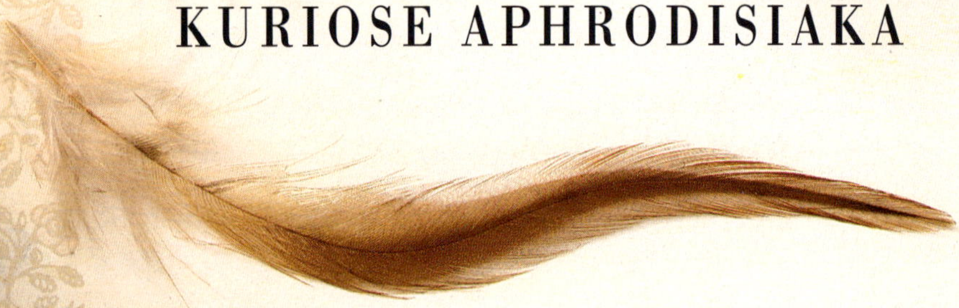

Liebesfördernde Tränke, Speisen und Pulver sind an sich schon geheimnisvoll und seltsam. Ihre Aufgabe, die Freude während des Liebesakts zu erhöhen oder gar Lust zu wecken, wo vorher nichts dergleichen war, läßt an eine besondere Art von Magie denken. Ein paar von ihnen muten daher, was ihre Herkunft oder Zubereitung betrifft, ziemlich befremdlich, wenn nicht gar abschreckend an.

KAMELMILCH

Häufig findet man Kamelmilch in arabischen Liebestränken, vermengt mit Honig und Datteln. Wer Glück hat, bekommt hierzulande getrocknete Kamelmilch zu kaufen. Rechnen Sie 15 Milligramm davon pro Kilogramm Ihres Körpergewichts, und Sie werden ein kleines orientalisches Wunder erleben.

HIPPOMANES

Dies gilt als todsicheres Aphrodisiakum und wird in einem Lexikon so beschrieben: „*Kleine, schwarze, fleischige Substanz, die sich angeblich auf der Stirn eines frisch geborenen Fohlens bildet. Auch eine zähflüssige Körperflüssigkeit, die fohlende Stuten ausscheiden.*" Der römische Dichter Tibull meinte, dies sei der Saft einer rossigen Stute; und Vergil beschrieb es als die Membran auf der Stirn eines neugeborenen Füllens, die von der Mutterstute abgebissen und gefressen wird. Plinius der Ältere wußte:

„Wem es gelingt, dies vor der Stute zu erlangen,
besitzt einen mächtigen Liebeszauber.
Sein bloßer Duft macht jedes Tier rasend,
aber auch den Menschen, ganz besonders die Frauen."

RINDEN-TRANK

Ein zwielichtiges Aphrodisiakum, das man auf den Westindischen Inseln braut und auch sehr schätzt. Es wird aus der bucin- und strychninhaltigen Rinde eines bestimmten Baumes gekocht. Ein Selbstversuch mit diesem angeblich sehr anregenden Getränk ist nicht zu empfehlen, da eine zu hohe Dosis davon die Gesundheit und damit die Liebeskraft seines Opfers angreift.

LIQUAMEN ODER GARUM

Das Heilmittel römischer Liebeskranker. Es findet sich in der einzigen überlieferten Sammlung antiker Kochrezepte. Sie wird einem berühmten Schlemmer und Zeitgenossen des Augustus, Marcus Gaevius Apicius, zugeschrieben.

Liquamen, zubereitet aus verfaulten, vergorenen Fischeingeweiden, genoß man in milder Form als Sauce, in höherer Konzentration zur Mehrung der sexuellen Freuden. Die Fabrik des Umbricus Agathopus in Pompeji war für ihr Garum berühmt.

Römische Feinschmecker liebten es als pikante Beilage zu Rehkitz, Lamm, Spanferkel, Kaninchen und gefüllter Schlafmaus (!), natürlich auch zu verschiedenen Sorten Fisch und Schalentieren.

NUOCNAM

Diese chinesische Speise ähnelt dem oben beschriebenen Garum, und ihre Erfindung mag ähnlich weit zurückliegen. Man bereitet Nuocnam aus Phosphor, Salz und verfaultem Fisch, gewürzt mit Knoblauch und Piment. Hierzulande ist es nur in chinesischen Lebensmittelgeschäften erhältlich.

VOGELNEST

Vogelnester und die dazugehörige Suppe rechnet man in China zu den effektivsten Liebesspeisen. Der hohe Phosphorgehalt soll die Liebeslust im allgemeinen und die Potenz im besonderen erhöhen. Die Vögel, die diese begehrten Nester anfertigen, sind Seeschwalben. Mit ihrem gelatineartigen Speichel leimen sie die Nester aus Seegras zusammen. Höhlen, in denen die Vögel nisten, findet der liebeshungrige Koch in ganz Südostasien, in Malaysia, Thailand und auf Java.

Vogelnester bekommt man in verschiedener Form serviert, wobei ganze Nester als besonders wertvoll und Stücke davon als relativ minderwertig gelten. In einigen Geschäften werden sie fertig zubereitet verkauft, die abgebrochenen Stücke vom Nest seltsamerweise als „Drachenzähne". Kräftig gewürzt, erinnert Vogelnest-Suppe an französische Langusten-Suppe. Da es sich um ein sehr edles, teures Gericht handelt, sollte man es nur in besten chinesischen Restaurants bestellen.

AMBRA

Eine wachsartige Substanz, die in den Ozeanen zu finden ist und von den Fortpflanzungsorganen männlicher Pottwale ausgeschieden wird. Seit der Antike hält sich der Ruf vom erotischen Zauber des Ambra. Es ist äußerst schwer erhältlich und nahezu unerschwinglich, obwohl nur drei Körnchen für ein Vollmond-Liebesrezept nötig sind.

STIERBLUT

Hierbei handelt es sich um Blut aus den Testikeln des Stiers. Man stockt es durch Kochen oder Backen. In Spanien wird Stierblut *con pimentos, con cebolla* oder gar *fritos mallorquine* vor den Stierarenen angeboten. Als Stärkung der Stierkämpfer wird dieser Speise hohe aphrodisische Wirkung nachgesagt. Manchen Leuten ist diese Art von Stierkult allerdings ebenso zuwider wie der brutale Stierkampf auch.

LIEBESBROT

Dieser Liebeszauber wurde in ganz Europa jahrhundertelang angewandt. John Aubrey (1627-97) bezeichnet ihn als *„Relikt der natürlichen Magie, ein Liebesmittel, zu wirksam, um rechtmäßig zu sein"*. Junge Mädchen, die einen Mann an sich fesseln wollten, drückten ein Stück ungebackenen Teig an ihre Vulva. Das so wohlgeformte Küchlein wurde gebacken und dem geliebten Mann geschenkt. Aß er davon, soll er der Frau unrettbar verfallen gewesen sein. Zu allen Zeiten ein einfaches, billiges, selbstgemachtes Aphrodisiakum.

HAHNENKÄMME

Lieblingsspeise Katharinas von Medici sollen gekochte Hahnenkämme gewesen sein. Da Heinrich II. von Frankreich sich jedoch ausschließlich seiner Mätresse Diane de Poitier widmete, muß dieser Liebeszauber bei der Königin wohl versagt haben – es sei denn, sie hat sich im Geheimen an anderen versucht. Aber auch die fleischigeren Teile des Hahns fanden Verwendung in der anrüchigen Küche der Liebe, so zum Beispiel seine Geschlechtsorgane, die man vor allem Frauen zum Verzehr empfahl, die einen Sohn empfangen wollten.

Ein paar Scharfmacher aus dem alten Rom

SCHNECKEN, lebendig in Milch mit etwas Weizenmehl eingeweicht, gebraten und mit Garum übergossen, mit Pfeffer und Kreuzkümmel gewürzt.
WEICHGEKOCHTE EIER, mit Pfeffer, Liebstöckl und eingeweichten Pinienkernen zerdrückt, dazu Liquamen und Honig.
TRÜFFELN, auf Spießen gekocht, anschließend leicht gegrillt und in Liquamen getaucht, nachdem man sie rundherum eingestochen hat.
WALDPILZE UND BAUMPILZE, gekocht, trockengetupft und mit Pfeffer, Liebstöckl, Honig und Garum serviert.
WILDSCHWEIN, im Ofen gegart, mit einer Sauce aus Pfeffer, Liebstöckl, Oregano, Pinienkernen, Myrrhebeeren, Koriander, Honig, Wein und Garum serviert.
WILDBRET, schwach gebraten, mit einer Sauce aus Pfeffer, Liebstöckl, Kümmel, Selleriesamen, Honig, Essig und Liquamen serviert.

VON DER *sinnlichen Kaft* DURCH

ROHE SPEISEN

Ein aktives Liebesleben verlangt einiges an Energie, so daß jeglicher Mangel an Mineralien, Nährstoffen, Vitaminen im Körper automatisch zu einem Lustdefizit führen muß. Die übliche Ernährung reicht hier oft nicht aus.

Rohe Nahrungsmittel enthalten Vitamine und Mineralstoffe, die normalerweise beim Kochen oder Braten verloren gehen. Die Vitamine B, C und E sind wasserlöslich, d.h. sie wandern beim Kochen oder ausgiebigen Waschen ins Wasser. Die Vitamine C und B_2 sind zudem lichtempfindlich und werden bei zu langer Aufbewahrung, besonders an hellen Orten, zerstört.

Wer frische Produkte verzehrt, spart sich oft belastende Fette oder ähnliches Beiwerk, das beim Kochen und Braten nicht zu vermeiden ist. Stärken Sie sich deshalb vor einem Abenteuer besser mit rohem Gemüse und leichten, erfrischenden Dips und Früchten anstelle von schweren, fetten Speisen, die Ihre Energie von den lustspendenden Körperteilen auf den Verdauungstrakt abziehen.

RÄUCHERLACHS MIT MEERRETTICH

2 EL STEIFGESCHLAGENE SAHNE
50 G FRISCHER MEERRETTICH,
4 SCHEIBEN RÄUCHERLACHS
8 GURKENSCHEIBEN
SCHWARZER PFEFFER, FRISCH GEMAHLEN
1 ZITRONE
FRISCHE KRESSE ZUM GARNIEREN

Den Meerettich unter die Sahne heben; die Lachsscheiben damit bestreichen. Die Gurkenscheiben in feine Streifen schneiden und ebenfalls auf dem Lachs verteilen. Pfeffer darüberstreuen und den Lachs vorsichtig aufrollen, mit Kresse und Zitronenachteln garnieren. Dazu dunkles Brot und Butter reichen.

GRIECHISCHER JOGHURT, FEIGEN UND HONIG

4 REIFE FEIGEN
250 G ZIEGENJOGHURT
3 EL THYMIANHONIG
FRISCHE MINZE ODER ZITRONENMELISSE ZUM GARNIEREN

Die Feigen in Scheiben schneiden und auf zwei Glasschalen verteilen. Den Joghurt mit dem Honig verrühren und über die Feigen gießen. Kaltstellen und mit einem Minzezweig garniert servieren.

Von der *sinnlichen Kraft* durch
JAPANISCHES ESSEN

Roher Fisch und frische Gemüse, wie sie die japanische Küche bietet, stärken den Liebeshunger auf ganz gesunde Art. *Unagi*, japanisch für Aal, tut sich dabei besonders hervor – behaupten zumindest die japanischen Liebenden: Allein in Tokio soll es über 3000 spezielle Aalrestaurants geben. Das beste Aalgericht heißt *Kabayaki* und wird auf einem Lacktablett, *Jubako*, serviert. Dazu ißt man Reis, Suppe und sauer eingelegtes Gemüse. Kulinarisch interessant ist auch Aal auf Bambusspießen, mit Kräutern und als Suppe.

Die Japaner verlassen sich allerdings nicht nur auf den Aal. Ihre aphrodisische Wunderwaffe, *Tsukemonos*, wird ähnlich dem römischen Garum zubereitet und zeigt angeblich dieselbe beflügelnde Wirkung. Die japanische Küche bietet *Tsukemonos* verschiedener Wirkungsgrade an. *Shio Uke*, eine andere Spezialität, besteht aus Rettich, Kürbis und Gurken, die man lagenweise gesalzen in ein Faß schichtet. Dieses wird mit einem großen Stein beschwert, so daß Saft aufsteigt. *Shoga Zuke* ist eine Ingwersauce, *Wasabi Zuke* ist Pferderettich mit Sake. Am teuersten ist *Umeboshi Zuke*, das auch die stärkste Wirkung zeigt; man bereitet es aus frischen Pflaumen, die mit ihrer glänzenden Haut und bedeutungsvollen Form wie geschaffen für ein traditionsreiches Liebesrezept scheinen.

Tempura heißt die japanische Methode, Fisch so heiß zu fritieren, daß er hell und trocken bleibt – und zudem leicht verdaulich. Der Pfannkuchenteig dafür, *Koromo* genannt, wird mit Eiswasser angerührt und sehr schaumig geschlagen. Japanische Köche würden einen *Koromo* niemals zweimal verwenden, schließlich muß er dünn sein wie Papier und durchsichtig. Die fertige *Tempura* dippt man in eine Sauce, z.B. *Tsukemono*, am häufigsten *Daikon*, eine Variation mit schwarzem Seegras, weißen Sesamsamen, Mandeln und Cashew-Kernen. Puristen dippen übrigens nur in Meersalz.

FISCH MIT BAMBUSSPROSSEN

1 KAROTTE, DER LÄNGE NACH IN FEINE STREIFEN GESCHNITTEN
2 DICKE SCHEIBEN KABELJAU ODER SCHELLFISCH
250 ML DASHI ODER FISCHBRÜHE
1 EL ZUCKER
3 EL SAKE ODER MIRIN
2 EL SOJASAUCE
125 G KLEINE BAMBUSSPROSSEN

Die Karottenstreifen blanchieren. Den Fisch und die Brühe in eine große Pfanne geben und 5 Minuten ziehen lassen. Dann Zucker, Sake und eine Hälfte der Sojasauce zugeben; bei schwacher Hitze kochen, bis der Fisch gar ist. Die Bambussprossen in dieser Sauce 3 Minuten erhitzen. Geben Sie in Suppen-Schälchen je ein Stück Fisch, ein paar Sprossen und Karotten und obenauf etwas Sauce.

UNAGI KABAYAKI (AAL VOM GRILL)

350 G FRISCHER AAL, GEHÄUTET UND IN KLEINE WÜRFEL GESCHNITTEN
2 EL SONNENBLUMENÖL
4 EL SOJASAUCE
4 EL MIRIN ODER SAKE
GURKE ODER RETTICH ZUR GARNIERUNG

Die Aalstücke auf einem Brett flach drücken, am besten mit der stumpfen Seite eines großen Küchenmessers. Dann unter einen heißen Grill legen, mit Sonnenblumenöl bestreichen und von jeder Seite mindestens 5 Minuten grillen. Sojasauce und Mirin kurz aufkochen, damit es schön glänzt. Den Aal mit dieser Glasur einpinseln. Mit ein paar Gurken- oder Rettichscheiben anrichten. So ein Aal schwimmt besonders gut in eiskaltem klarem Schnaps und kühlem Bier.

MENÜS FÜR ROMANTISCHE ANLÄSSE

Um die Jahrhundertwende servierte man in den Séparées der feinen Restaurants – dem beliebtesten Tatort für gewisse Zwecke – noch bis zu vierzehn Gänge, wobei wohlgemerkt zwischen jedem der letzten drei ein Sorbet gereicht wurde.
Nun, seit damals hat man dazugelernt, und es sei deshalb in diesem Kapitel nicht die Rede von der Völlerei unserer Ahnen; vielmehr wollen wir uns echter Liebeskunst, genauer gesagt: ihrem kulinarischen Vorspiel, widmen und dabei die weise Erkenntnis beachten, daß es vom Besten nicht unbedingt viel sein muß.
Bei den nun folgenden Menü-Vorschlägen für freudvolle Abende haben wir auch darauf geachtet, daß Vor- und Zubereitung nicht von der eigentlichen Hauptsache ablenken oder den Cuisinier schon völlig derangieren.
Dazu empfiehlt sich ein Glas Wein – nicht mehr –, und Ihnen ist ein wundervoller Abend beschert.

FRÜHLING

„Willkommen Frühling,
Der Männer zur Liebe verführt
Und Euch Mädchen, von Liebe inspiriert,
Schön macht mit Rosen und Blumen,
Vom Frühling gezeugt."
ANGELO POLIZIANO

Der Göttin Aphrodite wurde von Griechen und Römern – letztere verehrten sie als Venus – am 1. April ein Fest bereitet. Den Anhängern ihres Kultes galt sie als die zeugende Kraft des ganzen Kosmos. Man huldigte dieser sympathischen Schönheit mit Frühlingsblumen und süßem Wohlgeruch und assoziierte mit ihrem Namen Freizügigkeit. Ihr heißblütiges Temperament und die damit verbundene Launenhaftigkeit beim Erweis ihrer Gunst soll sie von ihrem göttlichen Vater geerbt haben.

Der Frühling war schon immer Zeit der feierlichen Umzüge zu Ehren der Natur und der Fruchtbarkeit, ganz gleich ob es sich um den alten Neujahrstermin, den 25. März, oder den 1. Mai handelte. Was immer man von diesen Bräuchen halten mag, so spiegeln sie doch wenigstens die Ehrfurcht des Menschen vor der Natur wider; so auch der Aphrodite-Kult, der natürlich im Frühjahr seine Blüte erlebte. Zu dieser Jahreszeit sind Körper und Geist von Liebe berauscht und brauchen eigentlich keine Stimulanzien – Verliebte können den Gipfel der Lust auch mit einem Glas Wasser und einem Apfel erreichen.

MENÜ

Garnelen in Ingwersauce
Zarda Palau
Zabaglione

Das hier vorgeschlagene Frühlingsmenü verbindet Meeresfrüchte, Nüsse und Eier, die Kraft spenden, aber dennoch ein köstlich leichtes Mahl darstellen. Das orientalische Reisgericht als Hauptgang kommt aus Afghanistan zu uns; es erregt die Sinne und versorgt den Körper mit Nährkraft für mindestens eine Stunde wonnigen Liebesspiels. Die Zabaglione kann man getrost aufheben für einen Nachtisch im Bett.

GARNELEN IN INGWERSAUCE

2 FRÜHLINGSZWIEBELN, GEHACKT
EIN KLEINES STÜCK INGWERWURZEL, GEHACKT
1 EL SHERRY
1 EL GINSENG-SIRUP
1 EL SOJASAUCE
4 GROSSE, GEPULTE GARNELEN
SALZ UND PFEFFER

Alle Zutaten, bis auf die Garnelen, in einer Saucenpfanne erhitzen, zum Kochen bringen und etwa 2 Minuten sieden lassen. Die Garnelen hineingeben und zugedeckt weitere 3 Minuten kochen. Ein Erlebnis!

ZARDA PALAU

25 G BLANCHIERTE MANDELN
25 G PISTAZIEN
2 EL ÖL
1 KLEINE ZWIEBEL, FEIN GEHACKT
2 HÜHNCHENBRÜSTE, GEVIERTELT
1 TL SAFRAN
125 ML HÜHNERBRÜHE ODER WASSER
2 EL ZUCKER
3 EL WASSER
ABGERIEBENE SCHALE EINER ORANGE (UNBEHANDELT)
100 G LANGKORNREIS

Die Mandeln und Pistazien in Öl fritieren, beiseite stellen. Auch die Zwiebel glasig rösten. Die Hühnchenbrust golden anbraten, den Safran und die Brühe zugeben; 20 Minuten bei schwacher Hitze garen. Währenddessen den Reis in reichlich Salzwasser kochen; abtropfen lassen und warmhalten. Zucker und Orangenschale in Wasser auflösen und einkochen, bis ein dicker Sirup entsteht.

Als Arrangement sei vorgeschlagen: Den Reis auf einer Platte anrichten, darauf das Hühnchen mit Zwiebeln und Nüssen; den Fleischsaft darübergießen, dann den Sirup.

ZABAGLIONE

Siehe das Rezept auf Seite 23, mit oder ohne Knabenkraut. Genehmigen Sie sich ruhig zwei Eidotter pro Person.

SOMMER

Sommerzeit ist Reisezeit – Urlaub vom Alltag, Freiheit zu Küchen- und anderen Abenteuern; die Sonne als uraltes Aphrodisiakum spielt mit. Aber auch der Abend spart an nicht Reizen – wie wäre es etwa mit einem Mondschein-Souper in lauer Sommernacht?

MENÜ

GRAVED LACHS
HUMMER UND MANGO
PFIRSICHE IN ROTWEIN

Dieses Menü dürfte die Essenz sommerlicher Gaben aus Meer und Garten darstellen. Zum Lachs sei ein guter Chablis, zum Hauptgericht ein Puligny-Montrachet empfohlen.

GRAVED LACHS

LACHSSCHWANZENDE,
GESCHUPPT UND FILETIERT
1 EL MEERSALZ
1 EL ZUCKER
1 EL PFEFFERKÖRNER, FRISCH GEMAHLEN
1 EL BRANDY
1 EL DILL, FEIN GEHACKT
1 ZITRONE

FÜR DIE SAUCE: 2 EL SENF
1 EL ZUCKER
1 EIGELB
100 ML OLIVENÖL
2 TL DILL, FEIN GEHACKT
SALZ UND PFEFFER

Zuerst die Sauce wie eine Mayonnaise bereiten. Dann alle anderen Ingredienzen – außer dem Lachs – in einer Schüssel vermengen. Mit dieser Mischung die Lachsfilets einreiben, die auf eine Platte geschichtet werden. Mit Folie abdecken und mit einem Brett beschweren. Etwa 24 Stunden kühlen.

Den Lachs gut abtropfen lassen und in feine Scheiben schneiden. Mit frischem Dill und Zitronenscheiben garniert auftischen.

Dazu die Sauce und dunkles Brot mit Butter reichen.

HUMMER UND MANGO

1 REIFE MANGO
450 G GEKOCHTER HUMMER
8 KLEINE, GEKOCHTE VENUSMUSCHELN

FÜR DEN SALAT:
1 KOPF FRISÉE-SALAT
RADIESCHEN ODER EICHBLATTSALAT
RAPUNZEL-/FELDSALAT
4 EL FRENCH DRESSING AUS WALNUSSÖL UND HIMBEERESSIG

Die Mango schälen und in Würfel schneiden. Den Hummer aus seiner Schale holen. Die Muscheln öffnen, aber ganz lassen.

Auf jedem Teller ein Salatbett anrichten, darauf je vier Muscheln und abwechselnd Fleisch- und Mangostücke.

PFIRSICHE IN ROTWEIN

2 REIFE PFIRSICHE
25 G ZUCKER
1 PRISE ZIMT
300 ML ROTWEIN
125 G CRÈME DOUBLE

Die Pfirsiche schälen, halbieren und entsteinen. Zusammen mit Zucker, Zimt und Wein in ein Kupferpfännchen geben. Kurz aufkochen und 10 Minuten ziehen lassen. Die Pfirsiche herausnehmen, je zwei Hälften auf einen Teller geben und den Saft zu Sirup einkochen. Diesen über die Pfirsiche geben, kühlstellen und dann mit einem Häubchen Crème double servieren.

Als Alternative zu den Pfirsichen in Rotwein bieten sich frische Feigen mit Schafskäse oder griechischem Joghurt an.

HERBST

Im September tauchen in Paris vor den Restaurants Stände auf, die riesige Mengen Austern und alle Arten Meeresfrüchte feilbieten. Führen wir diese appetitliche Erscheinung auf unsere Urtriebe zurück: Der Mensch versucht sein Geschlecht über den Winter zu retten, indem er für eine möglichst große Nachkommenschaft sorgt. Zur Erfüllung dieser hehren Pflichten stimuliert er sich, ohne über aphrodisische Kräfte genau Bescheid zu wissen, mit Austern. So auch heute, wenngleich etwas verfeinert: Von Fisch, Austern und Wein betört und durch kurze Tage und lange Abende quasi ans Bett gefesselt, kann man sich durchaus an den schönen Seiten des Herbstes erfreuen...

MENÜ

Ginseng-Suppe mit Chrysanthemen
Steak und Austern
Birne Helene

Jenen, die auf Nummer sicher gehen wollen, garantieren die Zutaten weniger einen herbstlich-melancholischen als einen euphorischen Abend.

GINSENG-SUPPE MIT CHRYSANTHEMEN

3 CHINESISCHE PILZE, GETROCKNET
1 CHRYSANTHEME (CHEMISCH UNBEHANDELT)
100 G GEKOCHTE HÜHNCHENBRUST
300 ML FLEISCHBRÜHE
300 ML GINSENG-SUPPE
1/2 EL VOLLKORNMEHL
1 EIWEISS

Von den Pilzen die Stiele entfernen, dann in Wasser einweichen. Das Hühnchenfleisch in dünne Streifen schneiden. In einer großen Saucenpfanne die Brühe erhitzen, Ginseng-Suppe und Pilze zugeben. 3 Minuten ziehen lassen. Das Hühnchenfleisch zugeben, weitere 3 Minuten ziehen lassen. Das Mehl mit kaltem Wasser glattrühren und die Suppe damit binden. Einige Minuten kochen lassen. Die Suppe vom Herd nehmen und das steifgeschlagene Eiweiß unterziehen. Mit den Blütenblättern der Chrysantheme bestreut der Liebsten kredenzen.

STEAK UND AUSTERN

250 G FILETSTEAK
8 AUSTERN
1/2 EL SOJASAUCE
1/2 EL AUSTERNSAUCE
1 TL SHERRY
1/2 EL PFLANZENÖL
2 KNOBLAUCHZEHEN, GEPRESST
2 SCHEIBCHEN INGWERWURZEL
3 FRÜHLINGSZWIEBELN, IN RINGE GESCHNITTEN
1 EL VOLLKORNMEHL, ANGERÜHRT MIT ETWAS BRÜHE
BRUNNENKRESSE ZUR GARNIERUNG

Das Fleisch in zwei Scheiben schneiden, ungefähr 1,5 cm dick. Die Austern öffnen, dabei den Sud auffangen.

Sojasauce, Austernsauce und Sherry verrühren. Die Steaks darin etwa eineinhalb Stunden marinieren.

Knoblauch, Frühlingszwiebeln und Ingwer in Öl anbraten. Die Steaks und Austern dazugeben und das Mehl einrühren. Eine Minute kochen lassen. Auf einer vorgewärmten Platte anrichten und mit der Kresse verzieren.

BIRNE HELENE

2 VOLLREIFE BIRNEN
(WENN MÖGLICH NASHI-BIRNEN)
150 ML WASSER
1 EL ZUCKER
MARK EINER VANILLESTANGE
150 ML BESTES VANILLEEIS

FÜR DIE SAUCE:
50 G ZARTBITTER-SCHOKOLADE
25 G BUTTER
1 EL GERÖSTETE
MANDELBLÄTTCHEN ZUM
GARNIEREN

Die Birnen schälen und vorsichtig entkernen, so daß die Frucht ganz bleibt. Wasser in einem Topf mit Zucker und Vanillemark zum Kochen bringen und 5 Minuten ziehen lassen. Die Birnen aufrecht hineinstellen und bei schwacher Hitze pochieren; herausnehmen und abkühlen lassen. In eine Schale geben und mit dem Sirup übergießen.

Die Schokolade im Wasserbad schmelzen. Die Butter in kleinen Stückchen einrühren, bis die Sauce schön glänzt.

Das Eis mit je einer Birne auf zwei Dessertteller verteilen und mit der lauwarmen Schokoladensauce übergießen. Die Mandelblättchen auf die Sauce streuen.

WINTER

„Der Winterwind
ist wie Ingwer."
CHANG CH'AO

Zur Zeit, als unsere Großeltern sich verliebten, war die Zahl der kulinarischen Verführungsmittel im Winter sehr beschränkt, so daß man sich auf Gewürze und eingemachte Sommer-Reminiszenzen konzentrierte. Heute bringen uns Transportflugzeuge alles an Früchten und Gemüsen, was unser verwöhnter Geschmack begehrt, und zwar zu jeder Jahreszeit, das heißt, Erdbeeren im Winter und Spargel im Herbst, wie auch immer.

MENÜ
GUACAMOLE
LAMM MIT APRIKOSEN
FLAMBIERTE BANANEN

Sättigend und wärmend, ohne schwer auf den Magen zu drücken, ist diese Komposition gerade richtig für eine frostige Winternacht.

GUACAMOLE

1 GROSSE, REIFE AVOCADO
1 EL ZITRONENSAFT
1 TOMATE,
ENTHÄUTET UND KLEINGEHACKT
1/2 ZWIEBEL, FEIN GEHACKT
1 CHILI-SCHOTE, FEIN GEHACKT
2 ZWEIGE FRISCHER KORIANDER
ODER PETERSILIE
SALZ UND PFEFFER
1/4 TL MUSKAT, FRISCH GERIEBEN

Die Avocado halbieren und entsteinen. Das Fruchtfleisch aus der Schale kratzen und mit einer Gabel zermusen. Alle übrigen Zutaten hinzufügen und gründlich vermengen. Mit Folie bedeckt einen Tag im Kühlschrank ruhen lassen.

LAMM MIT APRIKOSEN

350 G MAGERES LAMMFLEISCH
25 G BUTTER
2 KNOBLAUCHZEHEN, GEPRESST
1/2 TL KUKURMA (GELBWURZ)
1/2 TL KORIANDER
1/2 TL KREUZKÜMMEL
1/2 TL INGWER
1/2 TL SCHWARZER PFEFFER
1/2 TL CAYENNE-PFEFFER
1 ZWIEBEL, IN SCHEIBEN GESCHNITTEN
100 G GETROCKNETE APRIKOSEN, EINGEWEICHT
50 G SULTANINEN

Das Fleisch in Würfel schneiden. Die Butter in einer Pfanne erhitzen und das Lammfleisch darin von allen Seiten braun anbraten. Knoblauch, die diversen Gewürze, Zwiebel und das Einweichwasser der Aprikosen dazugeben. Das Ragout zum Kochen bringen, dann auf kleiner Flamme ca. 90 Minuten garen, bis das Fleisch schön zart ist. Aprikosen und Sultaninen zufügen und ein paar Minuten mitkochen.

Mit frischen Datteln oder Birnenscheiben und Wildreis servieren.

FLAMBIERTE BANANEN

1/2 TL WEINSTEIN
300 ML WASSER
2 GROSSE, FESTE BANANEN
75 G BUTTER
60 ML BRANDY

FÜR DIE SAUCE:
4 EL ORANGENSAFT
ABGERIEBENE SCHALE EINER HALBEN ORANGE (UNBEHANDELT)
4 EL WASSER
2 EL BENEDICTINE
1 EL CURAÇAO
75 G BRAUNER ZUCKER
1 PRISE MUSKAT

Die Zutaten für die Sauce verrühren und bei schwacher Hitze kochen, bis der Zucker sich auflöst. Den Weinstein im Wasser auflösen, die geschälten Bananen eintauchen. Jede Frucht längs durchschneiden.

In einer schweren Pfanne die Butter schmelzen und die Bananenviertel darin, mit der Schnittseite nach unten, braten. Die Bananen herausnehmen und warmhalten. Die Sauce darübergießen. Den Brandy anwärmen und in einen Becher geben. Vor den Augen der Heißgeliebten den Alkohol entzünden und über die Früchte gießen.

JAHRESTAGE

Das hier vorgeschlagene Menü ist unter dem Gesichtspunkt zusammengestellt, daß Geburtstage und Jubiläen zu jeder Jahreszeit anstehen. Wählen Sie ruhig auch willkürlich ein mehr oder weniger offizielles Datum zum Anlaß (der erste Kuß, das erste Mal...), und klammern Sie sich nicht zu sehr an Ihren Kalender.

Die ausgewählten Speisen gehören zur klassischen Küche. Es gibt heutzutage kaum mehr saisonale Beschränkungen für Früchte oder Gemüse, und so sind diese Gerichte zu jeder Jahreszeit problemlos und mit relativ geringem Aufwand zubereitet. Auch wenn Sie sich nicht zu zweit ins Kochvergnügen stürzen, soll schließlich die Küchenfee respektive der Chefkoch nicht völlig erschöpft den (Koch-) Löffel abgeben, noch bevor man in medias res vordringt.

MENÜ

Artischocken mit French Dressing
Seezungenfilets in Champagner
Heisse Aprikosen

Artischocken sind einfach und schnell zubereitet und von erstaunlich erotischer Wirksamkeit. Zur Eröffnung aphrodisischer Tafelfolgen eignen sie sich aufs beste.

ARTISCHOCKEN MIT FRENCH DRESSING

2 ARTISCHOCKEN
125 ML FRENCH DRESSING
KNOBLAUCH NACH GESCHMACK

Die Distelfrüchte in Salzwasser mit etwas Essig kochen, bis sich die Blätter leicht abzupfen lassen. Herausnehmen und abkühlen. Sauce mit gepreßtem Knoblauch dazu servieren.

SEEZUNGENFILETS IN CHAMPAGNER

2 SEEZUNGENFILETS
SALZ UND PFEFFER
25 G BUTTER
4 GROSSE CHAMPIGNONHÜTE
75 G CHAMPIGNONS, GEHACKT
2 SCHALOTTEN, FEIN GEHACKT
ETWAS ZITRONENSAFT
1/4 FLASCHE CHAMPAGNER
(ODER TROCKENER WEISSWEIN)
2 EL BRANDY
3 EL CRÈME DOUBLE
2 EIGELB
FRISCHE PETERSILIE, GEHACKT

Die Filets pfeffern, salzen und mit der Haut nach innen aufrollen. Die Butter in einer Pfanne schmelzen, Schalotten und Pilze darin 5 Minuten dünsten. Die Pilzhüte herausnehmen und beiseite legen.

Die Fischröllchen, den Zitronensaft und den Champagner zufügen. Bei geschlossenem Deckel und auf der kleinsten Stufe kochen lassen, bis der Fisch gar ist.

Die Filetröllchen herausnehmen und warmhalten. Die Kochflüssigkeit reduzieren. Brandy, Crème double und die Eidotter in einer Schüssel cremig schlagen und in die Sauce gießen. Nochmals kurz erhitzen, aber nicht mehr kochen. Die Sauce über den Fisch gießen und mit Petersilie und den zurückbehaltenen Pilzhüten garnieren.

HEISSE APRIKOSEN

250 G APRIKOSENHÄLFTEN
20 G BUTTER
25 G BRAUNER ZUCKER
1 TL ZIMT
4 EL ORANGENSAFT

Die Aprikosen dämpfen. Die Butter in einer kleinen Pfanne schmelzen und Zucker, Zimt und Orangensaft hineingeben. Mit einem Holzlöffel umrühren und zu Sirup einkochen. Die Aprikosen abtropfen lassen und zum Sirup geben.

VALENTINSTAG

„In der Frauen Augen wohnt die Liebe
Und sendet ihre Pfeile aus,
Unsere Herzen zu durchbohren;
Alle Welt weiß ja:
Ein mächtiger Herrscher ist die Liebe,
Der, wenn er so hoch will steigen,
Mit Venus selbst im Himmel liegt."
GEORGE PEELE

Der Valentinstag hat im heutigen Sinn mit dem Märtyrer Valentin nichts mehr gemein. Vielmehr feiern an diesem Tag Liebende in aller Welt sich und ihre wundervollen Gefühle füreinander.

MENÜ

Mousse von russischen Eiern
Wildente mit Schokoladensauce
Salat tropischer Früchte

Liebende leben eben nicht nur von Luft und Liebe, sondern brauchen mehr Energie und Kraft als der „Normalmensch". Die folgenden Rezepte sind Energiespender der feinen Art. Wildenten schmecken übrigens würziger und „wilder" als ihre gezähmten Verwandten von der Geflügelfarm. Zu solchen Vögeln paßt frischer Salat und ein vollmundiger Burgunder.

MOUSSE VON RUSSISCHEN EIERN

3 EIER
1 TL GEMAHLENE GELATINE
300 ML HÜHNER- ODER RINDERBRÜHE
4 EL CRÈME DOUBLE
1 SPRITZER WORCESTERSAUCE
ETWAS KAVIAR ZUR EDLEN GARNIERUNG

Die Eier hart kochen, abschrecken und abkühlen. Die Dotter durch ein Sieb streichen, das Eiweiß fein hacken und damit mischen.

Die Gelatine in etwas Brühe 5 Minuten einweichen. Mit der restlichen Brühe zum Sieden bringen. Alles abkühlen lassen und, sobald die Gelatine beginnt dick zu werden, Ei, Crème double und Worcestersauce einrühren.

WILDENTE MIT SCHOKOLADENSAUCE

1 GANZE ENTE
2 ZWIEBELN, FEIN GEHACKT
2 KAROTTEN,
FEIN GEHACKT
1 EL OLIVENÖL
4 EL WEINESSIG
1/3 FLASCHE TROCKENER
WEISSWEIN
BOUQUET GARNI

50 G ZARTBITTER-SCHOKOLADE
SAFT EINER ZITRONE

FÜR DAS GEMÜSE: JE 100 G
KARTOFFELN,
SELLERIE,
KAROTTEN,
ALS JULIENNE GESCHNITTEN
2 EL BUTTER

Die Ente putzen und mit einer Gabel einstechen. In einer feuerfesten Kasserolle die Zwiebeln und Karotten in Olivenöl bräunen; beiseite stellen. Jetzt die Ente mit etwas Öl in der Kaserolle anbraten.

Den Essig in die Kasserolle geben und so lange erhitzen, bis beinahe alles verdampft ist. Wein, Zwiebeln, Karotten, Bouquet garni und die Ente zugeben. Salzen und pfeffern, zudecken und ca. 1 1/2 Stunden braten – bis die Ente gar ist.

Ente herausnehmen und tranchieren. Dabei warmhalten. Das Fett in der Kasserolle abschöpfen und dafür Schokolade und Zitronensaft einrühren. Die fertige Sauce in einer Saucière warmhalten.

Schließlich wird das gemischte Gemüse in Butter fritiert. Es gibt ein herrliches Bett ab, worauf die Ente, mit Sauce übergossen, ruht.

SALAT TROPISCHER FRÜCHTE

FRISCHE TROPISCHE FRÜCHTE, JE NACH SAISON
2 EL LIMONENSAFT
4 EL FLÜSSIGER HONIG
2 EL COINTREAU

Die Früchte in kleine Würfel schneiden, dabei den Saft auffangen. Die übrigen Zutaten zusammen mit dem Saft darübergießen.

VON DER *sinnlichen Kraft* DURCH ESSEN IM FREIEN

Eine Wassermelone in der einen, Trauben, frisch vom Rebstock, in der andern Hand, geteilt und in Liebe verzehrt auf dem Dach einer antiken Ruine in Kleinasien. Saftige Blaubeeren zergehen im küssenden Mund unter den Bergen Hochsavoyens. Vollreife Erdbeeren auf einem Hügel der Toskana. Solche wundervollen, erfrischenden Mahlzeiten bleiben unvergessen.

An einem Sommertag sind Früchte alles, was Liebende für ein Picknick benötigen. Bei strömendem Regen aber werden Sie feststellen, daß Schweinsbraten mit Knödel und Blaukraut, dazu ein Weißbier, ganz dieselbe Wirkung haben kann.

Das Picknick ist ein Lustgewinn, schon allein wegen des uralten Vergnügens, mit den Fingern zu essen. Meeresfrüchte sind Aphrodisiaka ersten Ranges; deshalb sollten sie auf keinem Picknick fehlen, schon gar nicht, wenn es sich um ein Strand-Picknick handelt. Krebse sind einfach zu fangen und eine ungewöhnliche Delikatesse.

In Europa gibt es eine ganze Menge vorgeschriebener bzw. erlaubter Arten, Muscheln zuzubereiten, aber am besten vergessen Sie alles, was Sie je über Haute respektive Nouvelle cuisine gehört haben – kochen Sie sie einfach über einem Lagerfeuer am Strand. Zartes Fleisch vor tosendem Meer wird Ihnen munden wie ein Mahl im Drei-Sterne-Restaurant.

Jedes Land und jede Küste hat eigene Spezialitäten. In Frankreich etwa findet man die Venusmuschel, die Herzmuschel und die sogenannte Warzige Venus. Alle können sie roh gegessen werden, geben aber auch eine herrliche Suppe. In Irland und Griechenland begegnen einem Seeigel für den exotischen Imbiß: vom Felsen lösen, ohne sich dabei zu stechen, die hellen, orangenen Eierstöcke herauskratzen und roh schlürfen – nichts schmeckt mehr nach Meer. In Irland kocht man die Seeigel aber auch, und zwar wie Eier: 4 Minuten ins siedende Wasser legen, Stacheln entfernen, das Fleisch herausnehmen und auf Toast vernaschen.

Die folgenden Snacks eignen sich vorzüglich als Energieschub, wenn nötig...

SNACK CASANOVA

2 DÜNNE SCHEIBEN ROQUEFORT
4 SCHEIBEN PROSCIUTTO
4 DÜNNE SCHEIBEN DUNKLES BROT

Ganz einfach ist die Zubereitung: pro Sandwich je eine Lage Roquefort zwischen zwei Scheiben Prosciutto.

SCHOKOLADE-WALNUSS-PASTETE

225 G PASTETENTEIG
50 G BUTTER
100 G WALNÜSSE
3 EIER
150 G BRAUNER ZUCKER
75 G MEHL
1 SCHUSS MOKKA, MÖGLICHST STARK

ZUM GEFRIEREN: 50 G BUTTER
150 G PUDERZUCKER
1 SCHUSS KAFFEE, MÖGLICHST STARK

ZUM SCHOKOLADEN-GEFRIEREN:
125 G ZARTBITTER-SCHOKOLADE
1 TL SAHNE
12 G BUTTER

Den Backofen auf 190 Grad/Gas Stufe 5 vorheizen. Eine mittelgroße Kuchenform mit dem Teig auslegen, 15 Minuten blindbacken.

Die Butter schmelzen, die Walnüsse fein hacken und die Eier mit dem Zucker schaumig schlagen. Die Eier unter die geschmolzene Butter ziehen, dann nach und nach das Mehl einrühren. Die Walnüsse dazumischen und das Ganze auf den Pastetenboden geben. 25 bis 30 Minuten im vorgeheizten Ofen backen, dann abkühlen lassen. Butter, Puderzucker und Kaffee schaumig rühren. Den Guß gleichmäßig auf die Pastete streichen.

Für eine Schokoladenglasur die Schokolade im Wasserbad schmelzen, dann die Sahne dazugeben. So lange rühren, bis die Masse zähflüssig ist. Die Butter hinzufügen. Den Guß etwas abkühlen, auf der Pastete verteilen und erstarren lassen.

Von der *sinnlichen Kraft* im Frühstück

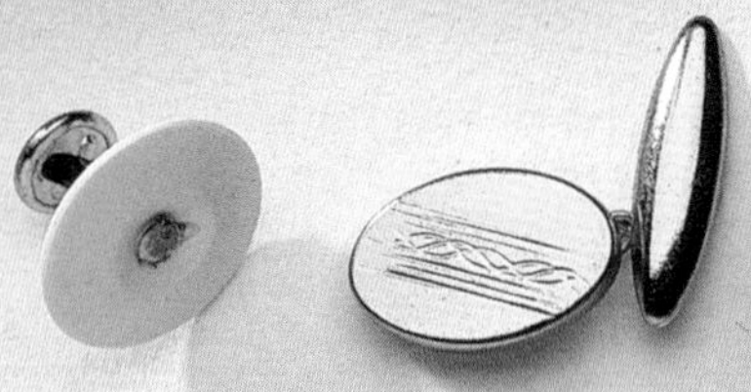

Harte Männer – und im Zuge der Gleichberechtigung manchmal auch Frauen – laben sich nach einer amourös-abenteuerlichen Nacht gern an einem herzhaften Frühstück: Beefsteak, Eier mit Speck, kaltes Hühnchen und ein starker, schwarzer Kaffee sollen es sein. So zumindest auf der Kinoleinwand. Vergleicht man die Frühstückskultur amerikanischer Spielfilme allerdings mit dem in Milchkaffee getauchten zarten Biscuit in Marcel Prousts *Auf der Suche nach der verlorenen Zeit*, erscheint erstere für romantische Zweisamkeit am Morgen eher ungeeignet. Viele beschränken sich zwar auf einen schnellen Kaffee und sonst nichts; Liebenden dagegen, die sich bis zum zweiten Frühstück eventuell noch einmal in die Kissen zurücksinken lassen wollen, empfehlen sich kräftigende Muntermacher, Austern zum Beispiel.

Für das Frühstück nach der Hochzeitsnacht kann man sich bei der Schriftstellerin Colette inspirieren lassen: *„Zartester Schinken, mit feinem Speck in einer Kasserolle im eigenen Saft gebraten und mit Julienne von Sellerie, Rettich und vielerlei anderem gesunden Gemüse als aromatischer Untermalung von solch herrlichem Fleisch. Auch Crèpes hatten wir."*

AUSTERN IN ZERLASSENER BUTTER

Die Austern säubern und öffnen, dabei den Saft auffangen. Die Butter schmelzen und die Austern darin unter Rühren erwärmen. Den Austernsaft und nach Geschmack Butterflöckchen zufügen. Auf Toast und mit einer dünnen Zitronenscheibe garniert lustvoll genießen.

RÜHREI MIT SHRIMPS

Die Eier wie gewohnt zubereiten. Eine Handvoll Shrimps in die noch flüssige Eimasse geben. Salzen, eine Prise Muskat zugeben und reichlich schwarzen Pfeffer darübermahlen.

REISPFANNE MIT LACHS

Man nehme zu gleichen Teilen gekochten Reis, geräucherten oder pochierten Lachs und Wachteleier. Etwas feingehackte Frühlingszwiebel, Curry und selbstgemachte Tomatensauce dazugeben. Mit etwas flüssiger Sahne anreichern und erhitzen. Eventuell mit Butterflöckchen verfeinern. Mit frischer Petersilie und Koriander garnieren.

EI AUF LACHS

50 G RÄUCHERLACHS
4 EIER
1 EL CRÈME DOUBLE
KRESSE, BRUNNENKRESSE
ODER FRISCHER KERBEL

Zwei kleine Auflaufförmchen mit Butter einfetten. Den Lachs in kleinen Stücken darauf verteilen. Je zwei Eier darüberschlagen, ein Sahnehäubchen auf jede Portion setzen. Die Förmchen in die Fettpfanne des Backofens stellen, die mit etwas Wasser gefüllt ist. Etwa 8 Minuten lang garen, bis das Ei stockt. Aus dem Ofen nehmen und mit frischen Kräutern bestreut sofort servieren.

PFLAUMEN IN ROTWEIN

1/2 FLASCHE DESSERTWEIN
1/2 FLASCHE ROTER BORDEAUX
36 VOLLREIFE PFLAUMEN
1 ORANGE (UNBEHANDELT), UNGESCHÄLT IN SCHEIBEN GESCHNITTEN
1 ZITRONE (UNBEHANDELT), UNGESCHÄLT IN SCHEIBEN GESCHNITTEN
100 G ZUCKER
200 ML HIMBEERSAFT
200 ML CRÈME DOUBLE

Den Wein mischen und die Pflaumen über Nacht darin marinieren. Die übrigen Zutaten, außer der Crème double, in einem Topf dazurühren; 15 Minuten bei schwacher Hitze kochen. Die Pflaumen im Weinsud 3 Tage an einem kühlen Ort ziehen lassen. Die Zitrusfrüchte entfernen und die Pflaumen mit einem Klecks Crème double servieren.

REISSALAT MIT SHRIMPS

100 G TIEFGEKÜHLTE ERBSEN
100 G LANGKORNREIS
SALZ
1 KLEINE ZWIEBEL
GLATTE PETERSILIE
CA. 80 G GEKOCHTER SCHINKEN
1 TL ESSIG
WEISSER PFEFFER
2 TL PFLANZENÖL
100 G SHRIMPS

Die Erbsen auftauen. Den Reis in reichlich kochendem Salzwasser 15 Minuten garen, abgießen und abschrecken. Die Zwiebel schälen und fein würfeln. Die Petersilie waschen und grob hacken. Den gekochten Schinken in schmale Streifen schneiden. Zwiebel, Petersilie, Salz, Pfeffer, Essig und Öl verrühren. Erbsen, Reis, Schinken und Shrimps daruntermischen. Das Ganze etwa eine Stunde ziehen lassen.

TATAR VON SCHAFSKÄSE

150 G SCHAFSKÄSE
10 G BUTTER
4 EL SCHLAGSAHNE
PFEFFER, FRISCH GEMAHLEN
EINIGE RADIESCHEN
2 TOMATEN
1 KLEINE PAPRIKASCHOTE
1 KLEINE ZWIEBEL
1 GEWÜRZGURKE

Den Schafskäse durch ein Sieb streichen; die Butter und die Sahne damit verrühren, mit Pfeffer abschmecken. Die Radieschen waschen, die Hälfte davon in Stifte schneiden; die Tomaten achteln, die Kerne herauslösen; die Paprika waschen und in Streifen schneiden; die Zwiebel fein würfeln; die Gewürzgurke in Scheiben und dann in Stifte schneiden. Den Schafskäse wie bei Tatar durch den Fleischwolf auf zwei Schälchen drehen und die restlichen Zutaten ringsum arrangieren.

PÜRIERTE AVOCADO MIT EIERN UND SOJASPROSSEN

1 AVOCADO
125 G JOGHURT
SAFT EINER ZITRONE
SALZ UND PFEFFER
3 EIER
100 G SOJASPROSSEN
EINIGE SALATBLÄTTER

Die Eier hart kochen, abschrecken, pellen und halbieren. Die Avocado halbieren, entkernen, schälen und kleinschneiden. Das Fruchtfleisch zusammen mit dem Joghurt und dem Zitronensaft pürieren; durch ein Sieb streichen, salzen und pfeffern.

Das Püree auf den Salatblättern anrichten und jeweils 3 Eihälften dazulegen. Die Sojasprossen darübergeben.

EIER MIT KRÄUTERN

2 EIER
1 TOMATE
1 TL BASILIKUM
1 TL ESTRAGON
1 TL PETERSILIE
1 TL SAUERAMPFER
100 G QUARK
1 TL SENF
SALZ UND PFEFFER
2 SCHEIBEN VOLLKORNBROT
EINIGE SALATBLÄTTER

Die Eier hart kochen; abschrecken, pellen und grob hacken. Die Tomate enthäuten, entkernen und fein würfeln. Die Kräuter fein hakken. Den Quark und den Senf gut verrühren. Die Eier, die Tomatenwürfel und die Kräuter daruntermischen, salzen und pfeffern. Auf dem Vollkornbrot, mit einigen Salatblättern belegt, anrichten.

LITERATURHINWEISE

HAERKÖTTER, GERD / LASINSKI, THOMAS: Das Geheimnis der Pimpernuß. Aphrodisisches Kräuterbuch. Frankfurt 1989

HIRSCHFELD, MAGNUS / GÖTZ, BERNDT: Sexualgeschichte der Menschheit. Berlin 1929

HOFFMANN, ANGELIKA: Aphrodisiaka. München 1988

LEHANE, BRENDAN: Macht und Geheimnis der Pflanzen. Frankfurt 1978

MILLER, RICHARD A.: Liebestrank und Ritual. Aphrodisiaka und die Kunst des Liebens. Basel 1988

MÜLLER-EBELING, CLAUDIA / RÄTSCH, CHRISTIAN: Isoldens Liebestrank. Aphrodisiaka in Geschichte und Gegenwart. München 1986

REGER, KARL H.: Zauber der Liebespflanzen. Rezepte für die Sinnlichkeit. Düsseldorf 1988

SCHIVELBUSCH, WOLFGANG: Das Paradies, der Geschmack und die Vernunft. Eine Geschichte der Genußmittel. Berlin 1988

TANNAHILL, REAY: Kulturgeschichte der Erotik. Berlin 1982

ZELTNER, RENATE: Aphrodisiaka en vogue. München 1988

REGISTER